ネイティブ感覚を身につける

前置詞
使い分け
プラクティカル
ワークブック

Practical Workbook

ミツイ直子★著者
すずきひろし★イラスト
清水建二★監修

前置詞のイメージをインプット
問題を解いてアウトプット

はじめに

一部の日本の英語学習者は、こんな感じの学習に慣れているかもしれません。

「英単語や英文法の全てが言語化され、明示的に教えられる」

私たちは上手に言語化された説明をうけると「理解できた」と感じやすく、安心感を覚えます。そして、それまで知らなかった情報を得ることができると「その学習に価値があった」と判断することが多いのです。ただ、学習には「言語化できない部分」もあれば「明示的に教えることが非常に難しいこと」もあります。「あえて言語化するべきでないコンセプト」もありますし、最初は言語化せずに体験させ、生徒自身で言語化をさせたほうが良いこともあります。本来、教育というのは、学ぶべき内容や学習者の状況に合わせて、このように様々な手法が取られるべきなのです。ただ、学習者の満足度だけを考えると（学習効率ではなく）、なんでもかんでも言語化をして説明することだけを優先したほうが簡単でもあるのです。ですから、そういう講師が後を絶たないことも事実です。

英語教育でいうと、日本では長らく文法訳読法と呼ばれる教授法が採択されてきました。文法訳読法というのは言語構造（語彙、文法、構文等）の理解を深めることを目的としている教授法で、全てが先生からの説明で成り立ちます。例えばこの教授法に慣れている生徒さんは「全てが言語化されないと不安であり、自分が理解できていると思えない」という判断に陥りやすいですし、「こんな感じだよ」と曖昧な描写の物事をそのまま受け取ることに慣れていなかったりします。

外国語学習において、特に単語の意味は複雑です。「単語の意味」には辞書で定義付けられるような明確な（明示的な）意味もありますが、言外の（暗示的な）意味もあります。この言外の意味は、その土地の文化や宗教観、歴史等を知らなければ理解できないこともあります。

また、スイスの言語学者ソシュールが「言語によって世界は分けられ、認知される」と言い、言葉を「記号の体系（記号＝形式（音素や文字素）＋意味（概念））」だと定義をしたことは有名ですが、この「意味（概念）」部分は話者によって微妙な誤差が生まれます。これは母国語を話している時にも同じで、例え単語自体はきちんと伝わっていたとしても、話し手の意図する意味と聞き手の感じた意味が異なってしまう場合があります。言語の意味というのは固定されているわけではなく、あくまでも聞き手の過去の経験や知識、考え方等と作用しながら聞き手の心の中で造り出されるのです。正解はひとつではないのです。

　私たちが英語を学ぶ時も、もちろん言語化ができる部分や明示的に学べる部分に関しては、そうして効率よく学んでいくのが得策だと思います。でも、それだけではなく、きちんと「英語は言語だから、言語化し辛いところや明示的に伝えにくいところもある。曖昧な部分もある」と理解し、だからこそ「自分で考え、自分なりの仮説を立て、それを試し、答え合わせをしていく」という作業が大事なのだと気づく必要があります。そして「なんとなく」「こういう感じ」と上手く言語化できない場合でも、「学べていることはある」「自分の学習は前進している」と自信を持つことも大切です。

　特に前置詞は「これはこれ！」という明確な説明がし辛い言語要素です。事実、教材開発で有名な米国会社 Kaplan のウェブサイトでも、前置詞は「こういう意味です」と明言するのが難しいと書かれています。そして "They often have multiple and overlapping meanings（前置詞はよく複数の、そして重複した意味を持つこともある）" とも。※なので『結局、この前置詞はどういう意味なの？』という視点で前置詞に触れるのではなく、「こういう時はこんな感じなんだ」「こういう時はあんな感じなんだ」と様々な事例を包括的に吸収して前置詞と付き合っていくのがお薦めです。

※ https://www.kaplaninternational.com/blog/learning-languages/eng/
　 why-are-prepositions-so-difficult-to-learn

前置詞を理解し修得するためのプロセスは以下のようだと考えています：

　（1）それぞれの前置詞が運ぶイメージの概略を知る。

　（2）その上でたくさんの英語に触れる。前置詞に問題意識を置いて、前置詞が運ぶイメージを感じながら英文を読んだり聴いたりする。

　（3）英文を書いたり話したりするときに、自分の伝えたいイメージに合った前置詞を意識して選択していく。

　（4）そうするうちに次第に語感が磨かれ、適切な前置詞を瞬時に選択することができるようになる。

　必ずしも言葉でまとめようとせず、そのまま丸っと受け止めて、自分なりの「この前置詞はこんな感じ」というのを考えていくようにしてください。

　大事なのは「自分で、前置詞のある文章をイメージ理解できるようになる」「アウトプットの時に『これ！』と自信を持って使う前置詞を選べるようになる」というところまで、自分の中に落とし込んでいくことです。ですので、本書では（1）から（4）の全てを網羅してみようと思います。

第1部から第4部と分け、以下の内容をご紹介していきます。

　第1部：各前置詞の確認

　第2部：前置詞ニュアンス把握チェック

　第3部：前置詞役割別チェック

　第4部：前置詞を含む文章チェック

　第1部では「（1）それぞれの前置詞が運ぶイメージの概略を知る」ということを抑えましょう。

　第2部では、英文を読んだり聴いたりする際に、「なるほど！ こうやって前置詞を意識していけば良いのか」とわかるようなお手本と練習問題を用意しています。「（2）たくさんの英語に触れる。前置詞に問題意識を置いて、前置詞が運ぶイメージを感じながら英文を読んだり聴いたりする」を実践していくための第1歩としてください。

第3部では前置詞を役割別にみていきます。「この時はどの前置詞を使えば良いの？」というアウトプット時の参考にしていただけます。ここのゴールは（2）をおこないながら「（3）英文を書いたり話したりするときに、自分の伝えたいイメージに合った前置詞を意識して選択していく」の準備をする、ということになります。第4部では、第2部と第3部の練習を強化する意味をも含め、異なる用法を持った前置詞の事例をたくさん見て、インプットとアウトプットの練習をしていただけます。

　このワークブックを活用して、前置詞力をアップさせていってください。

ミツイ直子

前置詞使い分けプラクティカルワークブック
CONTENTS

本書についての説明と使い方

1.「前置詞」について

　便宜上、どれも「前置詞」とは呼んでいますが、まず「前置詞」としての呼び方について少し断っておく必要があります。

　off や in は前置詞だと思い込んでいる方もいるかもしれませんが、前置詞だけでなく副詞や形容詞としても働く語はたくさんあります。ここで少し説明をしておきます。

　"He is in his room."（彼は部屋にいます）の in は名詞（his room）の前についていることからわかるように前置詞です。一方、"Please come in."（どうぞ入ってください）の in は動きや状態を表す働きの副詞として使われていて、さらに "This color is in at the moment."（この色が今の流行です）では形容詞として使われています。

　"The children played outside the room."（子どもたちは部屋の外で遊んだ）の outside は名詞（the room）の前について前置詞として使われていますが、名詞の the room が外れて "The children played outside." という文になると、outside は副詞としての機能となります。また、"He consulted an outside company."（彼は外の会社に相談した）のように使えば形容詞です。同様に、"He walked around the town."（彼は町を歩き回った）の around は前置詞で、"He walked around."（彼は歩き回った）は副詞としての使い方です。

　この本の中では、前置詞として使われる 55 語について、副詞や名詞や形容詞の働きをしている例も含めて記載しています。品詞は異なっても、その語の意味するイメージは共通しているので、それらを合わせて理解することが可能だからです。

　ところが文法による理屈の助けを理解しようとする時には、意識をしたほうが良い場合もありますので、注意を要するところについては品詞の区別を記載しています。（特に注意を必要とする場合以外はその記載はしていません。）

2. フレーズの一部としてつかわれる「前置詞」について

　第3部と第4部では句動詞（動詞と副詞が接合したもの）や前置詞句（前置詞と名詞が接合したもの）のように「フレーズの一部」として使われている前置詞を紹介しています。こういったものは、よく「丸暗記」の対象となっていたわけですが、本書で紹介している前置詞の意味がわかれば、各フレーズを理解することはそれほど大変ではありません。また、逆にフレーズを理解することが前置詞のイメージを鮮明化する手伝いとなることもあります。

　本書にあるたくさんの例文に触れ、各前置詞のイメージを定着化していってください。

第1部
各前置詞の確認

ここでは、主要前置詞 55 種が運ぶイメージをご紹介します。

　本書の練習問題、英作文や他問題集をおこなう時にはここに立ち戻り、各前置詞のイメージを把握しながら英文理解をしていくよう努めてください。

---

about 　周辺

　漠然とした「周り」をさします。対象の「周囲」「そのへん」の感じで「ぼんやり感」があります。その対象は何でもよくて「人や物」に限らず「時間」や「場所」、「状態」にも使われます。

例）My report was **about** the bird that I
　　saw last night.
　　私のレポートは昨夜見た鳥に関するものだ。

---

above 　基準点があって、それより「上のほう」

　単純に、位置的に「上」という感覚です。ポーンとただ上空に存在しているイメージです。静的に位置するので、そこには動きも方向性も感じられません。また「（基準点を）越えている」感じもあります。精神性を語る際にも使われます。

例）The airplane has to fly **above** the clouds.
　　飛行機は雲の上を飛ばなければならない。

across 平面を横切る

　ひとつの点から別の点へと平面移動をするイメージです。物理的に動いていなくても「平面を横切る線上の空間」や「平面にあるもの」、「越えた先にあるもの」をさすこともあります。「平面状の特定地域・部分を網羅する」という意味でも使われます。

例）Draw a line **across** the paper.
　　紙に（横切るように）線をひきなさい。

after 何かの後ろ

　何かを追っているイメージです。追っているのは「時間軸上の順序」や「経路」「出来事」などさまざまです。

例）**After** school, I have a piano lesson.
　　放課後、私はピアノのレッスンがある。

against 対象物の「対」

　対象物と相対して向かい合っているイメージです。対象物の「対（つい）」として使われることもあれば「反発していること」「物理的に接触している / していないこと」として使われることもあります。

例）It's hard to read the white subtitle
　　against the light screen.
　　明るい画面上の白い字幕は読みにくい。

along　何かに沿って

　何か特徴的なものが連続して続いている時に、それに沿うイメージです。それは境界線のようなものに沿うイメージだけでなく、継続しておこなわれている行動に沿うイメージでもあります。「どんどん進む」「一緒に」という感じで使われることもあります。

例）We strolled **along** the coast.
　　私たちは岸沿いを散歩した。

among　雑多な多数のグループ

　個々の物がハッキリしない印象の集団全体やその中のものをさします。between の「ハッキリした点間」と異なり、「雑多な多数の群れ（グループ）の中」というイメージです。

例）The apps are popular **among** college students.
　　そのアプリは大学生の間で人気だ。

around　ぐるりと一周する動き

　グルッと弧を描くイメージです。弧や円を描くように一周することもあれば、途中で止まり完全には一周しないこともあります。「あちこち」「そこらあたり」「だいたいこのくらい」のようなイメージにつながります。

例）Please put the ribbon **around** the tree.
　　木の周りにリボンを巻いてください。

as   2つのものを天秤にかけるイメージ

　対象物の性質に注目するために天秤にのせるイメージです。2つの物の関係性は様々ですがどちらかというと対等さを感じます。接続詞の場合、「同時におこなったこと」「似ているもの」「逆のこと」「原因／理由と結果」という関係性を表します。

例）I worked **as** a volunteer.
　　ボランティア<u>として</u>働いた。

at   全体を見渡して「今、ここ!」と指さすイメージ

　地図全体を見て、指さす感じです。全体像を把握して「今、ここ！」とフォーカスするイメージです。「視線」や「意識」を向けることもありますが、ピンポイントさを感じさせることにズレはありません。「時間」を表す時も、時計の文字盤を指さす感じです。

例）I'm waiting **at** Tokyo station.
　　私は東京駅<u>で</u>待っている。

before   何かの「前」

　対象となるものより「前」にくるイメージです。「時間の概念」だけでなく「優先順位」「序列」「誰かが別の人の前にいる、という位置関係」を示すこともあります。

例）Oliver has to go home **before**
　　five o'clock.
　　オリバーは5時<u>前</u>に帰宅しないといけない。

behind 何かと比べた時の「後ろ」

　単純に「後ろ」という感覚です。物理的な位置だけでなく、時間や進行状況を表すこともあります。物理的にも心理的にも「見えないところ」を感じさせますが、必ずしもネガティブな意味になるのではなく「（後ろで、見えないところで）支えてくれている」という意味で使われることもあります。

例）The bus is **behind** the schedule.
　　バスが遅れている。

below 基準点があって、それより「下のほう」

　単純に「下」という感覚です。ポーンと静的に存在しているイメージで、そこには動きも方向性も感じられません。比喩的に「ある基準値より下」や「地位や階級が下」も表します。真下以外の位置でも「下位」であれば below が使えます。above の対義語です。

例）Your temperature is **below** normal.
　　あなたの体温は標準よりも低い。

beneath 隠すような感じで、すぐ下に

　何かのすぐ下にあるので、結果「隠れている感じ」がします。underや below と似ていますが、beneath はどれよりもフォーマルな印象です。また、beneath は精神的な意味での「下に」を表すことができます。

例）The flower has sprouted
　　beneath the snow.
　　その花は雪の下で発芽した。

beneath

beneath

beside
2つの物が、側に・隣り合って

　側に、隣りに「ただ、いる」というイメージ。by で感じる「隔たり感」も with で感じる「一緒感」もなく、「ただ、並んでいる」だけの感じ。2つの物を比べることもありますが、その時も「並べて」比べるイメージがします。

例）Come and sit **beside** me.
　　隣りに来て座って。

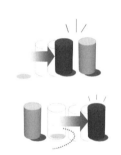

---

besides
1つの物の「他に」

　既にある物と何か他の物を比べる感じです。「全体のかたまりから一部を横にずらす」イメージの時もあります。否定文や疑問文のときは「ほかには」という意味になり、副詞として使われると「そのうえ」「加えて」という意味になります。

例）Everyone **besides** me likes the singer.
　　私以外のみんな、その歌手が好きだ。

---

between
2つの物の間

　「2点間」です。2つの物の性質や関係性は様々ですが、その2つの物は個々がハッキリしています。2つの物を離していることも繋いでいることもあり、また、どちらかを選ぼうとしていることもあります。場合によっては3つ以上の物の間をさすこともあります。

例）My neighbor and I planted trees
　　between our front yards.
　　お隣さんと私は、お互いの自宅の前の間に木を植えた。

beyond 境界線を越えた、向こう側

位置、時間、限界などを越えるイメージです。視点は「越える手前のところ」にあって、「あ、向こう側に行ったな」という感じがします。

例）Our street is **beyond** the second traffic light.
私たちの家の前の道は2つ目の信号を越えた先の道。

but 反転・除外

2つの逆の物を並べ、距離を置くイメージです。「でも」「しかし」と訳される接続詞としてのイメージと同じです。「反転している」「〜を除いて」「〜以外」というイメージで使われるので、接続詞の「でも」のイメージのまま捉えておけば大丈夫です。

例）Nobody **but** me heard the sound.
私以外誰もその音を聞かなかった。

by ちょっとした隔たりのある「そば」

そばにいるのに相手との境界線が存在しているイメージです。「心理的な隔たり」が感じられ、それ故に、受動態で使われると「やられた」という感じになります。手段として使われる場合は「自分との距離を少し感じる」使われ方をすることが多いです。

例）He was attacked **by** a dog.
彼は犬に襲われた。

concerning 向き合う気持ち

　真剣に向き合って対処しようとしているイメージです。なので、情報や意見を考え、質問などを扱う文章でよく使われます。かたく改まった言い方の時に使います。

例）**Concerning** the price you set, your manager will ask you several questions.
あなたが決めた値段の件だけど、マネージャーがいくつか聞きたいことがあるみたい。

despite 後に続く物を振り落とす

　差し迫るものを振り落とすイメージです。邪魔する要因や好ましくないものでもバシッと落とすような「〜にもかかわらず」です。

例）**Despite** the cold weather, the kids went swimming.
寒い気候にもかかわらず、子どもたちは泳ぎに行った。

down 下のほうへ

　下へと向かう方向性を感じます。その方向性は物理的だったり心理的だったり様々です。「下のほうへ落ち、そこで落ち着く」「細分化する」「却下する」というイメージがあります。また「中心から離れる」という意味になることもあります。

例）The sled went **down** the hill.
ソリが丘を下降した。

during 特定の期間内

　期間内に入り込んでいるイメージです。対象の期間内に入り込み「その期間の間すべて」を表す場合もあるし、「その期間の中の一点だけ」をさす場合もあります。

例）Please stay seated **during** the performance.
　　演技の間は（ずっと）席を立たないようにしてください。

except 外され感

　グループ全体から一つ、または一部分を外して、元々いたグループと区別するイメージです。対象物は「物」「概念」「スペース」など様々です。

例）The whole class finished the
　　project, **except** one student.
　　クラス全員がそのプロジェクトを終えたが、
　　一人の生徒だけ終えることができなかった。

for 意識の向いている方向や指さし方向

　対象に顔や気持ちを向けているイメージです。あくまでも顔や気持ちを向けているだけなので to のような到達感はありません。利益、代償、目的、行先、期間を含む「希望するもの」や「気になること」が対象物となります。

例）Let's make this change **for** the
　　better.
　　改善のために、変えていこう。

from 矢印の起点

　矢印の起点のイメージです。移動や範囲や時間の起点、分離や変化の起点も表します。なので着点である to とセット使用されることが多いです。起点からの動きは from がないと伝わらない！といえるくらい省略できない前置詞です。

例）He came **from** London.
　　彼はロンドンから来た。

in 立体的な物に入っているような感じ

　すっぽりと入り込んで、包まれているイメージ。空間や範囲・領域に入っていることで、まさに「～の中」というイメージです。「経路や時間のような線的なものの中」「面積の中」「立体の中」を表し、さらに「状態や心理的な中」をも表します。

例）He is **in** the room.
　　彼は部屋(の中)にいる。

inside 境界線の内側

　「in の内側」というイメージ。in と同じく「枠の中」というイメージがありますが、in よりも「内と外の境界線」への意識を感じます。「物理的に囲まれたものの内部」を表すほか、「組織の中」や「人の体の中」、そして「心の中（内面）」を表すことができます。

例）Let's keep all the fish **inside** the pool.
　　プール(の内側)にいる魚は全部そのままにしておこう。

into　立体的な物の中に入り込む

in（内側）＋ to（着点へ）の捉え方で OK。in だけよりも「移動」に焦点があります。また「到達点」を表す to にはない「何かの中に入り込む動き」が感じられます。

例）Dive **into** the pool!
　　プール(の中)に飛び込め！

like　並べて明確に

「〜のような」という感覚。「似ている」という「類似」を表したり、「〜らしい」という「人の特徴」を表したり、ものの例えとしての「比喩」を表したり、補足のようにその「例」を表すことがあります。どれも対象物の明言化を助けます。

例）Heather is very kind **like** her mom.
　　ヘザーは母親のようにとても優しい。

near　「近い」と思える距離感

それは物理的だったり時間だったり様々ですが「近い」と思える「特定のゾーン内」に収まっているイメージです。「近い」と思えるかどうかは「遠い（far）」をどのくらいの距離と感じるかという相対的な距離感をもとに判断されます。

例）I live **near** Tokyo.
　　東京の近くに住んでいる。

# of 分離、帰属

　例えばイラストのケーキのように、分離してもまだ原形をとどめているようなイメージです。この切り分けられたケーキのような「分離」のイメージから、「所有・帰属」「部分」「限定」など、多くの意味を表します。

例）Would you like a slice **of** cake?
　　一切れのケーキはいかがですか？

off 非接触

　対象物から離れようとする動き、または離れている状態を表します。また、対象物の働きを止めるという意味を持つこともあります。

例）I got **off** the train at Tokyo station.
　　東京駅で電車から降りた。

on 圧力を感じるような接触

　影響力のある接触のイメージです。「重力を感じるような接触」で、「対象物に対する圧力」を意味したり、その「感じる圧力を受け止め支える」表現になったり、圧力と向き合うことから「集中系の動詞」とも相性が良かったりもします。「継続感」「出先感」「接触感」「従事感」を表すこともあります。

例）I walked **on** the beach.
　　浜辺を歩いた。

onto 着点に接触

　on（接触）＋ to（着点）の捉え方で OK。着点に接触する瞬間を動画で捉えているようなイメージなので、on や to だけよりももっと動きを感じます。また、着点に接触するということで飛べない動物の場合は「着点の上に乗る」ことしかできないので（ハエだったら壁に止まったりできますが）on よりも「上に」という印象が強まります。

例）Asher runs **onto** the field.
　　アッシャーは(フィールド外にいたけど、今は)フィールドを走っている。

out 外へ、表に出てハッキリ

　「内から外へ」という意味。そこから「なくなってしまうこと」「逆にはっきり現われること」「ある基準を抜きんでること」を表します。

例）Let me bring **out** the best in you.
　　あなたの最善の状態を、私に引き出させてください。

outside 境界線の外側

　「out（外）側」というイメージ。境界線の存在が大きく「その内側か外側か？」と見て、あえて外側に注目するイメージです。「建物や部屋の外」「国や地域の外」のような物理的なものの外だけでなく「組織の枠の外」「時間枠の外」、それから「活動や影響力や責任といった抽象的なものの枠の外」を表すこともあります。

例）I was standing **outside** the office waiting for you.
　　私はオフィスの外(側)に立ってあなたを待っていた。

over アーチ状の覆い

　虹のようなアーチがかかっているイメージです。接触しているかどう
かは関係なく、とにかく覆いかぶさっているイメージです。覆いかぶさ
る範囲は様々ですし、かぶさっているのは「物理的なもの」に限らず、「時
間」や「意識」だったりします。「アーチの向こう側に行く動き」や「行
き来をする反復の動き」を表すこともあります。

例）I walk **over** the bridge.
　　（アーチを描くように）橋を渡る。

past 基準点を過ぎ去る

　何かの基準点を過ぎ去る「動き」が感じられます。past ＝過去、とい
うのも「今」という基準点を過ぎ去ったイメージがあるからこそその意味
なのです。時間だけでなく場所に対して使われ
ることもあります。

例）You just went **past** the store.
　　お店を通り過ぎたよ。

regarding 視点を置く

　re（何度も）＋ gard（見る）のイメージです。対
象物が気になるから見る、というイメージで、そこ
から感謝や尊敬の気持ち、concerning（向き合お
うとする配慮）の気持ちが生まれることもあります。

例）Here are some concerns **regarding** the new technology.
　　新しいテクノロジーに対する懸念がいくつかここに書かれています。

since 和訳のままの「〜から」のイメージ

　過去の時点や出来事を基準に「それ以降」。現在完了形（継続や経験）と一緒に使われたり、最上級と一緒に使われて「〜以来、最も」というように使われることが多いです。期間に対しては「いつから」、接続詞として理由を言うときは「〜だから」というイメージです。「原因や理由に紐づいている」と考えるとわかりやすいです。

例）It's been 8 years **since** we graduated!
　　私たちが卒業してから 8 年が経っている！

through トンネルのような空間を通り抜けるイメージ

　物理的なものだけでなく、時間やプロセスというトンネルを通り抜けるイメージもあり、トンネルを通る時の「努力」「頑張っている感」にフォーカスが向くこともあります。「時間や場所を連続すること」、それから「くまなく通るすっかり感」を表すこともあります。

例）The train went **through** the tunnel.
　　その電車はトンネルを抜けた。

throughout 空間を通過し終えるイメージ

　through（通過して）＋ out（すっかり）というイメージ。through は図の矢印の部分が強いイメージですが、throughout は「最後までずっと」「すみからすみまで」という「通過し終える感」が強い感じです。通過する対象は「時間」や「場所」など様々です。

例）There are cockroaches **throughout** the building!
　　その建物中にゴキブリがいる！

to 到達点まで一直線に向かう矢印（→）

　到達点に到達する矢印のイメージです。到達点は場所だけではありません。for や toward と異なり、あくまでも到達点（矢印の先端）に焦点があります。目的地に向かってまっしぐらの矢印のイメージから、矢印の先が何かの面にくっつく / 付いているという「接続感」「接着感」もあります。

例） Let's go **to** the toy store!
　　おもちゃ屋さんに行こう！

toward 到達点に向かっている感じ

　到達点に向かうものの、到達は意味しません。toward は「向かう方向 / direction」の矢印部分で、「向き」や「傾向」を表します。toward はアメリカ・カナダ英語でよく使われ、towards はイギリス・オーストラリア英語でよく使われるスペルです。

例） He walked **toward** the door.
　　彼は扉に向かって歩いた。

under 広がりのある物の「下」

　「覆われている感」があるので立体的な形を感じるイメージで使われることが多いです。below や beneath や underneath よりも最もよく使われます。対象物への接触・非接触にかかわらず使われます。非接触の場合は「over の反意語」になりますが、接触の場合は「on の裏側」の感じにもなります。「今の状況」を意味することもあります。

例） We sat **under** the tree.
　　私たちは木の下に座った。

underneath   接着感のある「すぐ下」

　接着感があるので「隠れている感じ」がします。隠れているものは「物」だけでなく「感情」である場合も多いです。under のように立体的なイメージで使われますが、under よりかしこまった言い方で「すぐ下に」というニュアンスが強く、「覆われていること」や「隠れていること」が強調されます。

例）She always hides her real feelings **underneath** her smile.
　　彼女はいつも笑顔で本当の感情を隠している。

unlike   同じグループだけど違う「スペシャル感」

　un (not) ＋ like で「〜と違う、〜のようではない」という和訳の意味そのままです。like とは逆の意味を運ぶとはいえ、イメージ化を助ける役割をしているのは同じです。また、比較しつつも「〜と違う」ということで、対象物の特別感を際立たせることもあります。

例）It's **unlike** you to get angry.
　　怒るなんてあなたらしくないね。

until   「変化の一点」を目指す感

　継続されていた動作が until をきっかけに終わり、別の動作に切り替わります。そのため、時間軸上の一点に向かうまでの「継続感」が感じられ、until の点を境に何か（人の行動など）が変わることを表しています。till よりもフォーマル感が強く、使用頻度も高いです。

例）Maria kept reading her book **until** her boyfriend arrived.
　　マリアは恋人が到着するまで本を読み続けていた。

up 上のほうへ

　上へと向かう方向性を感じます。それは物理的であったり心理的であったり様々です。方向を表すのみで到達点という意識はありません。「勢いを増す」「近づく」ことも表します。到達点がないために「空中に浮いている」イメージも出ます。「現れる」の感覚にも似ていますが、「意識の中心に近づいていく」イメージもあります。

例）He is sleeping face **up**.
　　彼は仰向けに寝ている。

upon ジャンプして、ピョンと接触

　up（上のほうへ）＋ on（接触）のイメージ。一度、上に向かってから接触する感じです。「人間が上に向かう」というとジャンプのような動作を思い浮かべるでしょうが、人間は飛べないので、すぐに着地してしまいます。そこから「すぐに」を表すことがあります。

例）He climbed **upon** the horse.
　　彼は馬の背中(の上)に(ピョンと)乗った。

with 空間共有・双方向性

　一緒に空間共有をしているイメージ。対象物が何であれ、必ず仲良し感があるので、対象物を好意的に捉えていることがわかります。「共有」「一緒に」という感覚から「人の身体特徴」や「特徴の様子」「気分や状況」を表すこともあります。また、空間共有ということで「リアル感」のある「手段」を示すこともあります。

例）I cut the orange **with** a knife.
　　私はオレンジをナイフで切る。

within 境界線の内側

　with（空間共有）＋ in（内側）と捉えれば OK。「この中に入っている」という枠のラインを意識し、またその内側に収まっているイメージです。その枠は位置関係だけでなく、時間などをさす場合もあります。

例）I'll be back **within** an hour.
　　1 時間以内に戻る。

without 「ない」「していない」状態

　with（空間共有）＋ out（外側に出た感じ）と捉えれば OK。with（空間共有）でのイメージで「当たり前にあるような物」が「ない」状態です。特定の動作を「していない」イメージもあります。

例）I can't live **without** her.
　　彼女なしでは生きていけない。

with

without

第 2 部
前置詞ニュアンス
把握チェック

第1部で各前置詞が運ぶイメージをみてきたので、この第2部では、そうしたイメージを思い出しながら英文に触れていく練習をしましょう。「はじめに」でご紹介した、前置詞を修得するためのプロセス「(2) 前置詞に問題意識を置いて、前置詞が運ぶイメージを感じながら英文を読んだり聴いたりする」というところですね。

　ポイントは「日本語訳がわかったから理解できた！」とせずに、丁寧に脳内で前置詞のイメージを思い描き、そうして英文に触れていくようにすることです。日本語訳の把握に努めながら読み聞きするときの「理解」と、前置詞のイメージを脳内で思い描きながら読み聞きするときの「理解」には雲泥の差があります。前置詞には翻訳をすると消えてしまうようなニュアンスや、書き手や話し手の想いが乗っています。同じ文でも、受け取り手の私たちの前置詞への意識を変えるだけで、受け取れる情報量が格段と変わることに気付きましょう。もちろん、ネイティブは後者の意識で英文を理解しています。翻訳家や通訳者を志す人や、日本語を介する英語技能試験を控えている人は、日本語訳を意識しながら英文を読み聞きしていく練習も必要ですが、ネイティブのように自然な英語運用を目指したいという人なら、必ずしも日本語訳を介入させる必要はありません。「なんとなく」「こんな感じのイメージ」という理解に慣れていきましょう。

Martin Luther King Jr.「I have a dream」

　1963年8月28日、アメリカのワシントンDCにて25万人近い人々が集まり、「ワシントン大行進」がおこなわれました。すべての階級の人たちが集まり、公民権と、皮膚の色や出自に関係ないすべての市民に対する平等な保護を求めたのです。この日の最後の演説者はマーティン・ルーサー・キング・ジュニア博士（キング牧師）。そこでキング牧師はかの有名な「I have a dream」というスピーチをおこないました。ここでは、そのスピーチの冒頭文をみていきましょう。

> I am happy to join with you today in what will go down in history as the greatest demonstration for freedom in the history of our nation.

① **まず、いつも読んでいるような感じで読んでみてください。**知らない単語をいつも辞書で調べている人は、そうして読んでみてください。「なんとなく」の理解でOKとしている人は、そうして読んでみてください。声に出して読んでみても良いですね。

② **次に、一緒に各前置詞のイメージを思い描きながら読んでいきましょう。**前置詞の場所を確認します。太文字箇所が前置詞ですね。

> I am happy **to** join **with** you today **in** what will go **down** **in** history **as** the greatest demonstration **for** freedom **in** the history **of** our nation.

※ここの down（what will go down 内）は前置詞としてではなく副詞として使われていますが、前置詞として使われていない場合でも down が運ぶイメージは同じです。こちらも前置詞同様に確認していきます。

　では、②をおこなうために、それぞれの前置詞のイメージを書き込んでいきましょう。文章を細かくみていくとイメージを思い描きながら読んでいくことが簡単になります。

I am happy **to** join **with** you today **in** what

到達点まで一直線に向かう矢印（→）　　立体的な物に入っているような感じ

空間共有・双方向性

下のほうへ　2つのものを天秤にかけるイメージ

will go **down in** history **as** the greatest

立体的な物に入っているような感じ

立体的な物に入っているような感じ

demonstration **for** freedom **in** the history **of** our nation.

意識の向いている方向や指さし方向　　　　　　　分離、帰属

では、それぞれのイメージを大事にしながら、英文を読んでいきましょう。

I am happy **to** join with you today の箇所

to は「到達点まで一直線に向かう矢印（→）」のイメージ。I am happy という気持ちが向かっているのは、join with you today ということです。

I am happy ⟶ join with you today

join **with** you today の箇所

join you today でも文法的に OK なのに、なぜ前置詞 with が使われているのでしょうか? これは with のイメージ「空間共有・双方向性」を上手に活用しているのです。単に「あなたたちに join する」というニュアンスになる join you ではなく、join with you とすることで「あなたたちと一緒に手を取り合う」「志を分かち合う」というニュアンスが出ています。前置詞 with から、キング牧師の、この集会への意気込みがうかがえますね。

I am happy to join with you today **in** what will go down **in** history の箇所

2回使われている in をみましょう。in は「立体的な物に入っているような感じ」というイメージなので、つまりこの「I am happy」という気持ちは、what will go down in history に入り込んでいる感じがするのです。そして、what will go down というのも history に入り込んでいるわけですね。

I am happy to join with you today

what will go down

history

I am happy to join with you today in what will go **down** in history の箇所

down は「下のほうへ」というイメージ。歴史という流れを下降していくかのように、後世へと語り継がれるだろう、というニュアンスを表すことができています。

what will go down in history **as** the greatest demonstration for freedom in the history of our nation の箇所

as は「2 つのものを天秤にかけるイメージ」。ここでは what will go down in history と the greatest demonstration for freedom in the history of our nation を天秤にかけています。両方が天秤に乗せられている状態を思い描きましょう。つまり、今日ここで起きていることは後世に語り継がれるほどのことだし、the greatest demonstration for freedom in the history of our nation と言えるほどすごいことだ、ということですね。

| what will go down in history | the greatest demonstration for freedom in the history of our nation |

the greatest demonstration for freedom の箇所

ここの for は「意識の向いている方向や指さし方向」というイメージなので、the greatest demonstration が freedom「自由」に向かっているイメージ、つまり「自由を欲している」感じがします。実際、このワシントン大行進は「自由を求めるための」運動でしたね。

自由をください！
自由を欲しています！
自由に手を伸ばしています！

the greatest demonstration for freedom **in** the history of our nation の箇所

in は「立体的な物に入っているような感じ」というイメージでした。つまり、the greatest demonstration for freedom が the history of our nation に入り込んでいる感じです。

> the greatest demonstration for freedom
> the history of our nation

the history **of** our nation の箇所

of のイメージは「分離、帰属」。この場合は、the history が our nation に帰属している、ということです。「our nation には宗教だとか言語だとか色々あるけど、ここでは歴史のことを言っているんだよ」という感じになります。

※ of のようにイメージが複数あり「どんなイメージで捉えたら良いのかわからない」という時は「どのイメージがその文に一番シックリくるかな？」という視点で考えてみてください。テストではないので正解を求める意識ではなく、あくまでも自分の中で「思い描きやすいかどうか」「シックリくるかどうか」というのを基準に、色々と「こうかもしれない」「ああかもしれない」と考えてみてください。英語仲間と「これはこういうイメージだと思うんだけど、どう思う？」と話し合ってみても良いですね！

さて、各前置詞のイメージを思い描きながら読んでみました。

③　**再度、こちらの文を声に出して読んでみてください。**

> I am happy to join with you today in what will go down in history as the greatest demonstration for freedom in the history of our nation.

①で、従来の方法で読んだ時と、今読んだ時に得られる情景やキング牧師の想いの情報量が違うことに気付けますか？

前置詞の運ぶイメージをキャッチできると、こんなにも情報量が変わり、翻訳や通訳ではそぎ落とされてしまう部分を「感じる」ことができるのです。これが、ネイティブの得ている情報量。こうした情報を逃さず「感じながら」英語に触れていくことが、ネイティブのような英語運用への第一歩となります。

興味のある方は、ぜひ、このスピーチ全文を「前置詞を意識しながら」読んでみてください。

では、引き続き、他の英文を使った練習をしていきます。

前置詞を思い浮かべながら読んでみよう 2
Maurice Sendak「Where the Wild Things Are」

　1963 年に、アメリカの作家でありイラストレーターでもあった Maurice Sendak によって書かれた絵本「Where the Wild Things Are」の一文を見ていきます。細かいところまで描き込まれた絵が特徴のこの絵本は、短編アニメ（1975 年）、オペラ（1980 年）、そして実写映画（2009 年）としても楽しまれ、今では世界中で 1900 万部以上売られた絵本として知られています。

　今回は、その作中にある「著者が作りあげた言語表現」を含む一文を見ていきます。

> That very night in Max's room a forest grew
> and grew --
> and grew until his ceiling hung with vines
> and the walls became the world all around
> and an ocean tumbled by with a private boat for Max
> and he sailed off through night and day
> and in and out of weeks
> and almost over a year
> to where the wild things are

① **まず、いつも読んでいるような感じで読んでみてください。**知らない単語をいつも辞書で調べている人は、そうして読んでみてください。「なんとなく」の理解で OK としている人は、そうして読んでみてください。声に出して読んでみても良いですね。

次に、一緒に各前置詞のイメージを思い描きながら読んでいきましょう。前置詞の場所を確認します。太文字箇所が前置詞ですね。

> That very night **in** Max's room a forest grew
> and grew --
> and grew **until** his ceiling hung **with** vines
> and the walls became the world all **around**
> and an ocean tumbled **by with** a private boat **for** Max
> and he sailed **off through** night and day
> and **in** and **out of** weeks
> and almost **over** a year
> **to** where the wild things are

※ここでは around (all around 内)、by（tumbled by 内）、off (sailed off 内) は前置詞ではなく副詞として使われています。それでも各単語が運ぶイメージは同じですので、前置詞同様に確認していきます。

※ out と of はひとつずつの前置詞として確認しても構いませんが、ここではひとまとめに「前置詞句」として確認していきます。ひとまとめに意味をくみ取っても、それぞれの前置詞のイメージがベースとなっていることに気付きましょう。

　では、②をおこなうために、それぞれの前置詞のイメージを書き込んでいきましょう。文章を細かくみていくとイメージを思い描きながら読んでいくことが簡単になります。

立体的な物に入っているような感じ
That very night **in** Max's room a forest grew

and grew --

---

and grew **until** his ceiling hung **with** vines
「変化の一点」を目指す感　　空間共有・双方向性

and the walls became the world all **around**
ぐるりと一周する動き

and an ocean tumbled **by with** a private boat **for** Max and he
ちょっとした隔たりのある「そば」　意識の向いている方向や指さし方向
空間共有・双方向性

sailed **off through** night of and day and **in** and **out of** weeks
トンネルのような空間を通り抜けるイメージ　立体的な物に入っているような感じ
非接触　　　　　　　　　　　　　　　　　　　　　　　〜の中から外へ

and almost **over** a year **to** where the wild things are
アーチ状の覆い
到達点まで一直線に向かう矢印（→）

では、それぞれのイメージを大事にしながら、英文を読んでいきましょう。

That very night **in** Max's room の箇所

in は「立体的な物に入っているような感じ」というイメージでした。ここでは
そのまま「Max の部屋」に入り込んでいる感じがしますね。

... a forest grew
and grew --
and grew **until** his ceiling hung with vines の箇所

until は「『変化の一点』を目指す感」というイメージ。ここでは部屋中に生
え始めた木々の成長が止まる時（部屋の森化が止まる時）が『変化の一点』
となっています。

until
変化の一点 → a forest stopped growing

a forest grew

時間軸

41

and grew until his ceiling hung **with** vines の箇所

with は「空間共有・双方向性」というイメージ。部屋の天井が木のツタでいっぱいになってしまっている（木のツタが天井から垂れ下がっている）わけですが、あくまでも covered by（天井をすっかり覆って隔たりを感じさせる by のイメージは「ちょっとした隔たりのある『そば』」）ではなく、with（天井と調和・共存しているようなニュアンス）です。

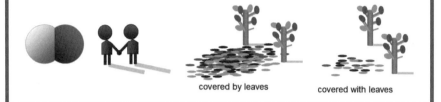

covered by leaves   covered with leaves

and the walls became the world all **around** の箇所

副詞として使われていますが、用法に関係なく around のイメージは「ぐるりと一周する動き」。ここでは、部屋の壁（the walls）が世界（the world）になったとあるわけですが、それが all around（自分の周りすべてぐるりと）、つまり四方の壁すべてが、ということになります。

and an ocean tumbled by with a private boat for Max の箇所

先述しましたが、ここが面白い箇所です。そもそも英語には tumble by とい
う表現はないのですが、tumble は「転倒」というような意味があり、by は「ちょっ
とした隔たりのある『そば』」というイメージ。そう考えるとなんとなく「ボー
トを転倒させてしまうほどに波が荒い状態の海」を思い描くことができます。
ただ、その後に「空間共有・双方向性」というイメージを持つ前置詞 with
がきています。隔たり感のある by と、空間共有・双方向性を感じさせる
with が一緒に使われると、どんなニュアンスを出すことができると思いますか?
どんなシーンを、読者に想像させ得ることができると思いますか? 少し、考
えてみてください。

様々な答えがあるかもしれません。ここでは一つのイメージをご紹介しましょ
う。
それは、「ボートを転倒させてしまうほどに波が荒い状態の海」でありながらも、
Max という主人公の乗ったボートは、そんな状態の海とも上手く「空間共有」
ができている状態です。つまり、ボートが実際に転倒することはなく、荒波を
上手く乗りこなしている……という感じですね。

このように、前置詞のイメージが把握できていると「新しい言語表現」を作る
こともできるし、「新しい言語表現」を理解することもできるのです。

and an ocean tumbled by with a private boat **for** Max の箇所

for は「意識の向いている方向や指さし方向」というイメージ。ここでは a private boat（プライベートボート / 自家用ボート）が Max のほうに向いている感じですので、つまりは「Max のためのプライベートボート」となります。

and he sailed **off** through night and day の箇所

off のイメージは「非接触」。対象物から離れようとする動きを表すので、Max の乗ったボートが岸から離れて海に乗り出した情景を思い描くことができます。

and he sailed off **through** night and day の箇所

through は「トンネルのような空間を通り抜けるイメージ」です。through night and day とあるので「夜と日中」を通り抜けるイメージ、つまりは「たくさんの時間をかけて」という感じですね。

ただ、night も day も無冠詞使いとなっていることに気付きましょう。これは night も day も「概念」として捉えられているからです。よって「何日間も」というような具体的な数字的な感覚は、ここからは思い描くことができません。それよりも「夜も日中をも通り抜けて」という漠然とした時間の経過だけを感じさせています。

and **in** and **out of** weeks の箇所

in は「立体的な物に入っているような感じ」というイメージで、out of は「〜の中から外へ」というイメージです。out と of は、into の反意語としてセットで使われることがあります。ただ、out は「外へ、表に出てハッキリ」、of は「分離、帰属」というイメージなので、各前置詞のイメージを別々に掴もうとしても問題ありません。weeks というように「週」が複数形になっていることから、何度も繰り返し（週の）中に入り、外へ出て、中に入り、外へ出て…と長期間の時間を過ごしている様子が思い描かれます。

こんなイメージでも良いですよ。「週」に何度も出入りしている感じですね。

and almost **over** a year の箇所

over のイメージは「アーチ状の覆い」なのでアーチを超えるように、1 年間という時間を越える感じになります。

to where the wild things are の箇所

to のイメージは「到達点まで一直線に向かう矢印（→）」です。the wild things がいる場所まで一直線に向かった、という感じです。

さて、各前置詞のイメージを思い描きながら読んでみました。

③　再度、こちらの文を声に出して読んでみてください。

That very night in Max's room a forest grew
and grew --
and grew until his ceiling hung with vines
and the walls became the world all around
and an ocean tumbled by with a private boat for Max
and he sailed off through night and day
and in and out of weeks
and almost over a year
to where the wild things are

前置詞のイメージを把握しながら、以下の情景を思い描き、感じることができましたか？
①　部屋の中にグングンと森が（木々が）育つ情景
②　荒れた波を、でも安全に航海していく情景
③　その航海が、長い時間の経過と共にあるという雰囲気
④　その航海の終着点

興味のある方は、ぜひ、この絵本全文を「前置詞を意識しながら」読んでみてください。
では引き続き、他の英文を使った練習をしていきます。

前置詞を思い浮かべながら読んでみよう 3
Wikipedia「Treaty of San Francisco」

　The Treaty of San Francisco（サンフランシスコ講和条約、もしくは Treaty of Peace with Japan/ 日本国との平和条約）は、第二次世界大戦・太平洋戦争後に連合国諸国（イギリス、アメリカ合衆国、オーストラリア等）と日本との間に締結された条約です。

　今回は、その Wikipedia ページにある「Sri Lanka's defence of Japan（原文ママ）」箇所の一文をみていきます (https://en.wikipedia.org/wiki/Treaty_of_San_Francisco より)。これは現スリランカ（当時はセイロン）の財務省の J. R. Jayewardene 氏が語ったスピーチの一部です。

※なお、Wikipedia は読者が自由に編集をおこなえるのが特徴です。そのため、文章が変更される可能性もあるのですが、今回は 2021 年 9 月時点で書かれていた英文を基にしています。

This treaty is as magnanimous as it is just to a defeated foe. We extend to Japan the hand of friendship and trust that with the closing of this chapter in the history of man, the last page of which we write today, and with the beginning of the new one, the first page of which we dictate tomorrow, her people and ours may march together to enjoy the full dignity of human life in peace and prosperity.

① 　まず、いつも読んでいるような感じで読んでみてください。知らない単語をいつも辞書で調べている人は、そうして読んでみてください。「なんとなく」の理解で OK としている人は、そうして読んでみてください。声に出して読んでみても良いですね。

② 　次に、一緒に各前置詞のイメージを思い描きながら読んでいきましょう。前置詞の場所を確認します。太文字箇所が前置詞ですね。

This treaty is **as** magnanimous **as** it is just **to** a defeated foe. We extend **to** Japan the hand **of** friendship and trust that **with** the closing **of** this chapter **in** the history **of** man, the last page **of** which we write today, and **with** the beginning **of** the new one, the first page **of** which we dictate tomorrow, her people and ours may march together **to** enjoy the full dignity **of** human life **in** peace and prosperity.

※ここでは as（as magnanimous as 内）が前置詞ではない使われ方をしています。最初の as は副詞として使われていて、2つ目の as は接続詞として使われています。文法的な用法がどうであれ as の運ぶイメージに変わりはありません。前置詞同様に確認していきましょう。

では、②をおこなうために、それぞれの前置詞のイメージを書き込んでいきましょう。文章を細かくみていくとイメージを思い描きながら読んでいくことが簡単になります。

2つのものを天秤にかけるイメージ　　到達点まで一直線に向かう矢印（→）
This treaty is **as** magnanimous **as** it is just **to** a defeated foe.

到達点まで一直線に向かう矢印（→）　　　　分離、帰属
We extend **to** Japan the hand **of** friendship and trust that

空間共有・双方向性　　　分離、帰属　　立体的な物に入っているような感じ　分離、帰属
with the closing **of** this chapter **in** the history **of** man, the last

分離、帰属　　　　　　　　　　空間共有・双方向性　　　　　分離、帰属
page **of** which we write today, and **with** the beginning **of** the

分離、帰属
new one, the first page **of** which we dictate tomorrow, her

到達点まで一直線に向かう矢印（→）
people and ours may march together **to** enjoy the full dignity

分離、帰属
of human life **in** peace and prosperity.
立体的な物に入っているような感じ

では、それぞれのイメージを大事にしながら、英文を読んでいきましょう。

This treaty is **as** magnanimous **as** it is just to a defeated foe. の箇所

as は「2 つのものを天秤にかけるイメージ」。as がきたら「何を天秤に乗せるのか」を考えましょう。ここでは as で挟まれている「magnanimous」と、2 つ目の as の後にくる「it is just to a defeated foe」ですね。

magnanimous「寛大」と just to a defeated foe「負けた敵（敗戦国）にとって公平」が天秤に乗っている感じなので、This treaty「この条約（サンフランシスコ講和条約）」が両方の要素を持っていることが読み取れますね。この感じがわかれば、上手に日本語訳ができなくても OK です！

This treaty is as magnanimous as it is just **to** a defeated foe. の箇所

to は「到達点まで一直線に向かう矢印（→）」のイメージ。ここでは it is just（公平である）ことがどこに向かうのか？という到達点を示している感じですね。ちなみに到達点は a defeated foe（敗戦国）、つまり日本です。

---

2 文目はすごく長いので、一度、わかりやすいように整理をしてみます。
まず、大まかなメッセージはこの 2 つになります。

① We extend to Japan the hand of friendship
（日本に、友情の手を差し伸べる）

② and trust that ... her people and ours may march together to enjoy the full dignity of human life in peace and prosperity.
（日本国民と私たちが、平和で豊かな環境下、人間としての尊厳を多いに楽しめるよう、一緒に前に進んでいけると信じる）

そして、上記の英語「…」箇所には、こちらが入っていますね。ここは上記②の箇所をさらに説明している感じです。

③ with the closing of this chapter in the history of man, the last page of which we write today,

（今日、ここで起きていることを最終ページとし、人類の歴史における本章（戦争という時代）を終わりにする）

④ and with the beginning of the new one, the first page of which we dictate tomorrow,

（そして、明日の始期を最初のページとし、新しい章の始まりとする）

つまり、全体で見ると、この文は

① 日本に、友情の手を差し伸べる
② 今日、ここで起きていることを最終ページとし、人の歴史における本章を終わりにする
③ そして、明日の始期を最初のページとし、新しい章の始まりとする
④ そうして日本国民と私たちが、平和で豊かな環境下、人間としての尊厳を多いに楽しめるよう、一緒に前に進んでいけると信じる

と、いうことを伝えているのです。

この順番で、それぞれの節に使われている前置詞のイメージをみていきましょう。

We extend **to** Japan the hand of friendship の箇所

to のイメージは「到達点まで一直線に向かう矢印（→）」です。the hand of friendship を迷いなく、日本に向かって伸ばしている感じがします。

ちなみに、通常なら We extend the hand of friendship to Japan となりそうなところ、to Japan が前のほうにおかれていることから、話し手が「to Japan（日本に）」を強く意識していることが感じられます（英語では重要なことを文の前方に持ってくる傾向が強い）。こんな語順からも、日本との関係改善を願ってくれているニュアンスを感じとることができます。

We extend to Japan the hand **of** friendship の箇所

of は「分離、帰属」のイメージ。ここでは「the hand（手）」がどんな思いや気持ちに属したものなのか…ということを限定している感じです。数ある「思い」の中でも「friendship（友情）」に限定したものであり（例えば、怒りや非難めいた気持ちではない）、ここで差し伸べている「the hand（手）」は「friendship（友情）」を示すものだ、となります。

... and trust that
with the closing of this chapter in the history of man, the last page of which we write today,
and **with** the beginning of the new one, the first page of which we dictate tomorrow, の箇所

両方の節が「空間共有・双方向性」というイメージの with から始まっています。話し手がこうした時代の流れを歓迎している、もしくは、こうした時代の流れが「自然」だと感じているということが読み取れます。

時代の流れを受け入れ、手をつないでいるイメージです

... and trust that

with the closing **of** this chapter in the history of man, the last page of which we write today,

and with the beginning **of** the new one, the first page of which we dictate tomorrow, の箇所

次に出てきている of「分離、帰属」も同じような構文箇所で使われています。最初は the closing of this chapter、2つ目は the beginning of the new one (new one = new chapter)。両方とも of が this chapter と new chapter の「部分や部位」を示しています。そこだけを分離させて、スポットライトを浴びさせている様子をイメージしても良いですね。

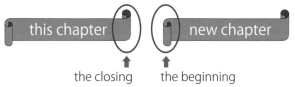

... and trust that

with the closing of this chapter **in** the history of man, the last page of which we write today,

and with the beginning of the new one, the first page of which we dictate tomorrow, の箇所

in は「立体的な物の中に入っているようなイメージ」。this chapter が the history of man（人類の歴史の中）に入り込んでいる、つまり、人類の歴史を物語としてみていることがわかります。

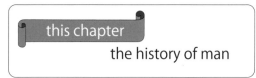

ちなみに 2 つ目の節では in the history of man がありません。これは、一つ目の節にて「章」というのは「人類の歴史の一部」ということが明確になっているので、省略されたのだと考えられます。事実、英語では重複説明は避けることが好まれます。

... and trust that
with the closing of this chapter in the history of man, the last page **of** which we write today,
and with the beginning of the new one, the first page **of** which we dictate tomorrow, の箇所

両方の節に、続いて出てきている of「分離、帰属」も、また同じような構文箇所で使われています。先述された of this chapter/of the new one と同じように、ここでも of は this chapter と new chapter の「部分や部位」を表していますが、特にこの of は「本章の最後のページと新章の最初のページがどんな感じなのか?」ということを限定しています。

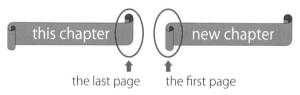

the last page　　the first page

which we write today

which we dictate tomorrow

her people and ours may march together **to** enjoy the full dignity of human life の箇所

ここでの her people は「日本国民」のこと。そして ours というのは、この話し手の国（現スリランカ）とその同盟国（イギリス、アメリカ合衆国など）の国民のことです。

to のイメージは「到達点まで一直線に向かう矢印（→）」なので、そうした全員が march together を to の方向にしていく、ということが願われているわけですね。

日本国民、現スリランカ国民、そして他国の国民全員が一緒に行進！

the full dignity **of** human life の箇所

of は「分離、帰属」のイメージ。「どんな the full dignity か?」というと「それは human life に帰属するもの」だとなるわけです。

to enjoy the full dignity of human life **in** peace and prosperity の箇所

人間としての尊厳を大いに楽しむ、という行為は「あくまでも peace and prosperity（平和で豊かな環境）の『中』でおこなわれる」という希望を語るのに、in の「立体的な物の中に入っているようなイメージ」が上手く使われています。

> enjoy the full dignity of
> human life
>
> peace and prosperity

さて、各前置詞のイメージを思い描きながら読んでみました。

③　再度、こちらの文を声に出して読んでみてください。

This treaty is as magnanimous as it is just to a defeated foe. We extend to Japan the hand of friendship and trust that with the closing of this chapter in the history of man, the last page of which we write today, and with the beginning of the new one, the first page of which we dictate tomorrow, her people and ours may march together to enjoy the full dignity of human life in peace and prosperity.

①で従来の方法で読んだ時と、前置詞のイメージを意識しながら読んだ今とで、思い描ける情景の鮮明さが異なりましたか？　現スリランカ（当時はセイロン）の財務相の J. R. Jayewardene 氏の、日本への想いを読み取ることができましたか？　J. R. Jayewardene 氏が見ていた「戦後の、国際社会への希望」は感じ取ることができましたか？

　単に日本語訳を脳内で組み立てる「読み方」をするよりも、ずっと胸に響くものがあるのではないかと思います。まだまだ一人ではできない、という方でも大丈夫。引き続き、練習を重ねていきましょう。

前置詞を思い浮かべながら読んでみよう 4
Lewis Carroll「Alice's Adventures in Wonderland」

1865 年に刊行された Alice's Adventures in Wonderland（不思議の国のアリス）は日本でも有名な物語。少女アリスが白ウサギを追いかけて不思議な国に迷い込み、様々なキャラクターと出会いながら冒険をしていきます。ここでは、アリスがウサギの穴に落ちた直後のシーンをみていきましょう。

Alice was not a bit hurt, and she jumped up on to her feet in a moment: she looked up, but it was all dark overhead, before her was another long passage, and the White Rabbit was still in sight, hurrying down it. There was not a moment to be lost: away went Alice like the wind, and was just in time to hear it say, as it turned a corner, 'Oh my ears and whiskers, how late it's getting!' She was close behind it when she turned the corner, but the Rabbit was no longer to be seen: she found herself in a long, low hall, which was lit up by a row of lamps hanging from the roof.

① まず、いつも読んでいるような感じで読んでみてください。知らない単語をいつも辞書で調べている人は、そうして読んでみてください。「なんとなく」の理解で OK としている人は、そうして読んでみてください。声に出して読んでみても良いですね。

② 次に、一緒に各前置詞のイメージを思い描きながら読んでいきましょう。前置詞の場所を確認します。太文字箇所が前置詞ですね。

Alice was not a bit hurt, and she jumped **up on to** her feet **in** a moment: she looked **up**, but it was all dark overhead, **before** her was another long passage, and the White Rabbit was still **in** sight, hurrying **down** it. There was not a moment **to** be lost: away went Alice **like** the wind, and was just **in** time **to** hear it say, **as** it turned a corner, 'Oh my ears and whiskers, how late it's getting!' She was close **behind** it when she turned the corner, but the Rabbit was no longer **to** be seen: she found herself **in** a long, low hall, which was lit **up by** a row **of** lamps hanging **from** the roof.

ここでは up (jump up 内)、up (looked up 内)、up (lit up 内) は副詞として使われていて、as (as it turned a corner 内) は接続詞として使われています。文法的な用法がどうであれ、各単語の持つイメージは変わらないので、これらも前置詞同様に確認していきましょう。

では、②をおこなうために、それぞれの前置詞のイメージを書き込んでいきましょう。文章を細かくみていくとイメージを思い描きながら読んでいくことが簡単になります。

Alice was not a bit hurt, and she jumped **up on**
上のほうへ
圧力を感じるような接触
到達点まで一直線に向かう矢印（→）　　　　　　上のほうへ
to her feet **in** a moment: she looked **up**, but it was all dark
立体的な物に入っているような感じ
何かの「前」
overhead, **before** her was another long passage, and the
立体的な物に入っているような感じ　　　下のほうへ
White Rabbit was still **in** sight, hurrying **down** it. There was

not a moment **to** be lost: away went Alice **like** the wind,

到達点まで一直線に向かう矢印（→） ... *並べて明確に*

and was just **in** time **to** hear it say, **as** it turned a corner,

立体的な物に入っているような感じ ... *2つの物を天秤にかけるイメージ*

到達点まで一直線に向かう矢印（→）

'Oh my ears and whiskers, how late it's getting!' She was

close **behind** it when she turned the corner, but the Rabbit

何かと比べた時の「後ろ」

was no longer **to** be seen: she found herself **in** a long, low

到達点まで一直線に向かう矢印（→） ... *立体的な物に入っているような感じ*

hall, which was lit **up by** a row **of** lamps hanging **from** the

上のほうへ ... *分離、帰属* ... *矢印の起点*

ちょっとした隔たりのある「そば」

roof.

では、それぞれのイメージを大事にしながら、英文を読んでいきましょう。

Alice was not a bit hurt, and she jumped up on to her feet in a moment の箇所

up は上へと向かう方向性を感じさせるイメージ。まさに上に向かって jump をした様子が表されています。

Alice was not a bit hurt, and she jumped up **on to** her feet in a moment の箇所

大抵は onto というように一語として使われるのですが、on to と二語として使われている場合は on が動詞にくっついている（動詞句の一部となっている）ことがわかります。

on は「圧力を感じるような接触」で、to は「到達点まで一直線に向かう矢印（→）」。両方が一緒に使われることで「Alice がジャンプをした後、彼女の身体がどこに向かい、接触したのか?」ということが表されています。ここでは on to her feet とあるので、Alice はジャンプをして身体が空中に浮いたわけですが、着地はシッカリと「足で」おこなわれたということがわかります。尻もちをついたりしなかったわけですね。

ちなみに、どうしてここでは onto（着点に接着、というイメージ）が使われず、on to が使われているのだと思いますか?
onto は「着点」のニュアンスが強くなるので、onto を使うと「Alice がジャンプをしてどこに降り立ったのか?」という「場所」情報が欲しくなります。でもここでは「足で着地した」ことが書かれていて「場所」については言及されていないので、著者の表現したいことには onto よりも on to のほうが合っていたと考えられます。

Alice was not a bit hurt, and she jumped up on to her feet in a moment の箇所

in のイメージは「立体的な物に入っているような感じ」で、時間を表す時には「時間や期間の中に入り込んでいるイメージ」がします。in a moment とあるので、「a moment（瞬間）の時間枠」の中に入っていて、jumped up on to her feet というのを「パッ」と瞬間的におこなった、となります。

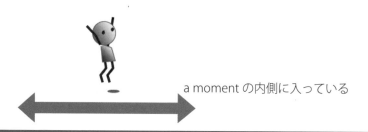

a moment の内側に入っている

she looked up, but it was all dark overhead, の箇所

up は上へと向かう方向性を感じさせるイメージ。まさに上に向かって look（見る）をした、ということですね。

before her was another long passage, の箇所

before は「何かの「前」」というイメージ。ここでは位置的な意味で使っているので、文字通り「Alice の前に」という意味になります。

she looked up, but it was all dark overhead, before her was another long passage, and the White Rabbit was still in sight, hurrying down it の箇所

「立体的な物に入っているような感じ」という in のイメージから、sight（視覚、光景など）の中に入っている、つまり視界内にいる、となります。白ウサギはまだアリスの見えるところにいる、ということですね。

and the White Rabbit was still in sight, hurrying **down** it の箇所

down は「下のほうへ」という意味が一般的ですが、中心から離れるという意味もあり、ここでは後者の意味で使われています。つまり、hurrying down it の down があることで Alice のいる側を中心とし、そこから離れる（つまり、Alice から遠ざかっていく）感じが出ています。ここの it は long passage（長い通路）のことですね。

There was not a moment **to** be lost の箇所

to は「到達点まで一直線に向かう矢印（→）」のイメージ。to を矢印に置き換えてイメージしても OK です。There was not a moment（瞬間はありませんでした）とある中の a moment が向かう先は?というと be lost（失われる）ということ。つまり、失われるべき瞬間はなかった、となります。

away went Alice **like** the wind の箇所

「並べて明確に」というイメージの like は、ここでは比喩として使われています。Alice が白ウサギを追いかける様子を like the wind（風のよう）だと言っているわけですね。

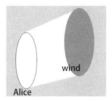

and was just **in** time to hear it say, as it turned a corner, 'Oh my ears and whiskers, how late it's getting!' の箇所

「立体的な物に入っているような感じ」という in のイメージと time（時間）がくっつくと「既定の時間内」に入り込んでいる感じがします。

ここでは、白ウサギが（自分自身に）話す時間にちょうど間に合った（つまり、ちょうど白ウサギが何かを言っているのが聞こえた）となります。

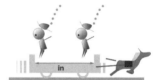

in time 規定の時間内

and was just in time **to** hear it say, as it turned a corner, 'Oh my ears and whiskers, how late it's getting!' の箇所

to は矢印に置き換えても OK。つまり、Alice was just in time（アリスはちょうど既定の時間内に入り込んでいる）が進む方向は hear it say（白ウサギが話していることを聞く）ということ。

Alice was just in time hear it (the White Rabbit) say

and was just in time to hear it say, **as** it turned a corner, 'Oh my ears and whiskers, how late it's getting!' の箇所

この as は前置詞としてではなく接続詞として使われていますが、as という単語そのものが運ぶイメージに変わりはありません。as は「2 つのものを天秤にかけるイメージ」で対等さを感じるので、この場合は「同時に起きたこと」を知らせる役割をしています。つまり白ウサギが角を曲ると同時に 'Oh my ears and whiskers, how late it's getting!' と言ったということですね。

She was close **behind** it when she turned the corner の箇所

behind のイメージは「何かと比べた時の『後ろ』」です。この it は the White Rabbit のこと。つまり、Alice は角を曲がった時、白ウサギのすぐ後ろにまで追いついていたのですね。

Alice は白ウサギのすぐ後ろにいた

but the Rabbit was no longer **to** be seen の箇所

to は「到達点まで一直線に向かう矢印（→）」のイメージで、to を矢印に置き換えてイメージしても OK でしたね。the rabbit was no longer（ウサギは、もうその状態ではない）とある中の「ではどんな状態?」というのが、矢印の先にある be seen（視界に捉われる）ということ。つまり、アリスからの視点でいうと「もう白ウサギは見えなかった」となります。

NO LONGER

she found herself **in** a long, low hall の箇所

「立体的な物に入っているような感じ」という in のイメージがそのまま使われています。a long, low hall（長く、天井の低いホール）の中に入っているわけですね。

she found herself in a long, low hall, which was lit **up** by a row of lamps hanging from the roof の箇所

lit up（現在形は light up）の up は「ポッと舞台上に湧いて出た」というイメージをも起こさせるので（例：He suddenly came up to me.）、電気がパッとつく様子を表現するのにピッタリです。

she found herself in a long, low hall, which was lit up **by** a row of lamps hanging from the roof の箇所

by のイメージは「ちょっとした隔たりのある『そば』」。この文のように受動態として使われる時は動作主を表します。この a long, low hall（長く、天井の低いホール）は、<u>屋根（天井）からぶらさげられている a row of lamps（動作主）</u>によって lit up（現在形：light up）されている、となります。

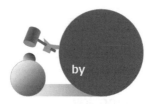

she found herself in a long, low hall, which was lit up by a row **of** lamps hanging from the roof の箇所

of は「分離、帰属」のイメージ。つまり「どんな a row なのか?」というと「lamps の」となり、限定することができています。

she found herself in a long, low hall, which was lit up by a row of lamps hanging **from** the roof の箇所

from は「矢印の起点」というイメージ。つまり、ランプ（いくつも、列になっている）はどれも屋根（天井）から（そこが起点となり）hang（垂れ下がる）されているということですね。

起点＝ the roof（屋根）

さて、各前置詞のイメージを思い描きながら読んでみました。

③　再度、こちらの文を声に出して読んでみてください。

Alice was not a bit hurt, and she jumped up on to her feet in a moment: she looked up, but it was all dark overhead, before her was another long passage, and the White Rabbit was still in sight, hurrying down it. There was not a moment to be lost: away went Alice like the wind, and was just in time to hear it say, as it turned a corner, 'Oh my ears and whiskers, how late it's getting!' She was close behind it when she turned the corner, but the Rabbit was no longer to be seen: she found herself in a long, low hall, which was lit up by a row of lamps hanging from the roof.

　①で従来の方法で読んだ時と、前置詞のイメージを意識しながら読んだ今とで、思い描ける情景の鮮明さが異なりましたか？ 前置詞をイメージしながら読めると、アリスや白ウサギの動きをより鮮明に思い浮かべることができるようになるのではないかと思います。
　引き続き、他の英文を使って「前置詞を感じながら読む」練習をしていきましょう。

1892 年に刊行された The Adventures of Sherlock Holmes（シャーロック・ホームズの冒険）はイギリスの小説家、Arthur Conan Doyle による短編集。世界で最も高名な探偵といわれるホームズが、相棒のワトスンと共に様々な事件の謎解きをしていく物語です。ここでは、ホームズが謎解きをしているシーンから、数文を抜き出してみてみましょう。

> She was never happy at home, Miss Alice wasn't, from the time that her father married again. She was slighted like and had no say in anything, but it never really became bad for her until after she met Mr. Fowler at a friend's house.

① まず、いつも読んでいるような感じで読んでみてください。知らない単語をいつも辞書で調べている人は、そうして読んでみてください。「なんとなく」の理解で OK としている人は、そうして読んでみてください。声に出して読んでみても良いですね。

② 次に、一緒に各前置詞のイメージを思い描きながら読んでいきましょう。前置詞の場所を確認します。太文字箇所が前置詞ですね。

> She was never happy **at** home, Miss Alice wasn't, **from** the time that her father married again. She was slighted **like** and had no say **in** anything, but it never really became bad **for** her **until after** she met Mr. Fowler **at** a friend's house.

ここでの like (slighted like 内) の用法に関しては意見が割れるかもしれませんが、一般的にここは接続詞として使われていると判断されます。文法的な用法がどうで

あれ、like の持つイメージは変わらないので、前置詞同様に確認していきましょう。

　では、②をおこなうために、それぞれの前置詞のイメージを書き込んでいきましょう。文章を細かくみていくとイメージを思い描きながら読んでいくことが簡単になります。

全体を見渡して「今、ここ！」と指さすイメージ

She was never happy **at** home, Miss Alice wasn't,

矢印の起点

from the time that her father married again.

並べて明確に　　　　　立体的な物に入っているような感じ
She was slighted **like** and had no say **in** anything,

　　　　　　　　　　　　意識の向いている方向や指さし方向　何かの後ろ
but it never really became bad **for** her **until after** she
　　　　　　　　　　　　　　　　　「変化の一点」を目指す感
全体を見渡して「今、ここ！」と指さすイメージ
met Mr. Fowler **at** a friend's house.

では、それぞれのイメージを大事にしながら、英文を読んでいきましょう。

She was never happy **at** home の箇所

at は「全体を見渡して『今、ここ!』と指さすイメージ」です。at home は無冠詞であることから、「物理的な家（一戸建て等）」を感じるというよりは、「安らげる場である自宅」という「概念」がより感じられる表現です。

She was never happy at home, Miss Alice wasn't, from the time that her father married again. の箇所

from は「矢印の起点」というイメージ。ここでは Miss Alice が幸せでなかった期間の「起点」を示しています。つまり、彼女が幸せでなかった「起点」は the time that her father married again なわけですね。

She was slighted like and had no say in anything の箇所

like のイメージは「並べて明確に」ですが、類似や比喩を示すこともあります。人 was slighted / 人 felt slighted で「侮辱されたように感じる」という意味ですが、ここでは She was slighted like [she was inferior]. She was slighted, as if [she didn't matter]. という感じで、like は、文章前半部分（She was slighted）と [ ] 部分の省略された後半部分を繋げている接続詞だという見解が一般的となっています。きれいな日本語訳が思い浮かばずとも、「侮辱されているかのような扱いを受けたのだろうな」ということがくみ取れればそれで OK です。

She was slighted like and had no say **in** anything の箇所

in は「立体的な物の中に入っているような感じ」。She had no say in... というのは「…に関して意見を言う権利がない」「…に関して意見を言っても聞いてもらえない」という意味。ここでは in の後に anything（（否定文で）何も～ない）がきているので「She had no say」という状態が anything にどっぷりと包まれている感じで、つまり、「何に関しても発言権はない」という感じになります。

そこまで理解できずとも「彼女は何も言わない状態、もしくは言えない状態」なのだと理解できたら最初の一歩として Good ですね!

> NO SAY/ 発言権なし
> anything

but it never really became bad **for** her until after she met Mr. Fowler at a friend's house. の箇所

for は「意識の向いている方向や指さし方向」のイメージ。ここでは bad な状況が彼女 (Miss Alice) に向かっている感じです。文章内に never があるので、最初の部分の it never really became bad for her は「彼女にとって、そんなに悪い状況にはならなかった」となります。

but it never really became bad for her **until** after she met Mr. Fowler at a friend's house. の箇所

until のイメージ「『変化の一点』を目指す感」通り、ここでは、① it never really became bad for her（彼女にとって、そんなに悪い状況にはならなかった）だったのが、② it became bad for her となった変化の一点を表しています。②は明言されているわけではありませんが、until が使われていることから「そこで変化があった」ことがわかり、Miss Alice の状況が変わったことが読み取れます。

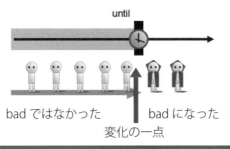

but it never really became bad for her until **after** she met Mr. Fowler at a friend's house. の箇所

after は「何かの後ろ」というイメージ。Mr. Fowler に会った「後」に変化があったということで、こんなイメージができます。

but it never really became bad for her until after she met Mr. Fowler **at** a friend's house. の箇所

at は「全体を見渡して『今、ここ!』と指さす
イメージ」。「まさにあそこで Mr. Fowler に出
会った」と、地図上で指さしをしている感じですね。

さて、各前置詞のイメージを思い描きながら読んでみました。

③　**再度、こちらの文を声に出して読んでみてください。**

She was never happy at home, Miss Alice wasn't, from the time that her father married again. She was slighted like and had no say in anything, but it never really became bad for her until after she met Mr. Fowler at a friend's house.

①で従来の方法で読んだ時と、前置詞をイメージしながら読んだ今とで、思い描ける情景の鮮明さが異なりましたか?前置詞をイメージしながら読めると、Miss Alice の心情の変化のタイミングが、より感じ取れるのではないかと思います。

引き続き、他の英文を使って練習をしていきましょう。

前置詞を思い浮かべながら読んでみよう 6
Mark Twain「The Adventures of Tom Sawyer」

1876 年に発表された The Adventures of Tom Sawyer（トム・ソーヤーの冒険）
は日本でも有名な物語。トム・ソーヤーという 10 歳のわんぱく少年が主人公と
して描かれていて、作中でトムは弟シドと親友ハックと共に色んな遊びをしたり、
冒険をしたりします。

　ここでは、物語の要約の一部をみていきましょう。

（https://etc.usf.edu/lit2go/34/the-adventures-of-tom-sawyer/ より）

Tom's real trouble begins when he and Huck Finn witness
a murder committed by Injun Joe. They swear to never
tell, and the wrong man, Muff Potter, is accused of the
crime. Tom, Huck, and a friend run away to be pirates,
but become aware that the whole town is searching for
their bodies. Each of the boys make an appearance at
their own funerals, where they are greeted with open
arms. As Muff Potter's trial begins, Tom is overcome with
guilt and testifies against Injun Joe, who quickly flees the
courtroom.

① **まず、いつも読んでいるような感じで読んでみてください**。知らない単語を
　いつも辞書で調べている人は、そうして読んでみてください。「なんとなく」
　の理解で OK としている人は、そうして読んでみてください。声に出して読
　んでみても良いですね。

② **次に、一緒に各前置詞のイメージを思い描きながら読んでいきましょう**。前
　置詞の場所を確認します。太文字箇所が前置詞ですね。

74

Tom's real trouble begins when he and Huck Finn witness a murder committed **by** Injun Joe. They swear **to** never tell, and the wrong man, Muff Potter, is accused **of** the crime. Tom, Huck, and a friend run away **to** be pirates, but become aware that the whole town is searching **for** their bodies. Each **of** the boys make an appearance **at** their own funerals, where they are greeted **with** open arms. **As** Muff Potter's trial begins, Tom is overcome **with** guilt and testifies **against** Injun Joe, who quickly flees the courtroom.

　最後の文の as は接続詞として使われていますが、文法的な用法がどうであれ、as の持つイメージは変わらないので、前置詞同様に確認していきましょう。

　では、②をおこなうために、それぞれの前置詞のイメージを書き込んでいきましょう。文章を細かくみていくとイメージを思い描きながら読んでいくことが簡単になります。

Tom's real trouble begins when he and Huck Finn witness a

ちょっとした隔たりのある「そば」　　　　到達点まで一直線に向かう矢印
murder committed **by** Injun Joe. They swear **to** never tell, and

分離、帰属
the wrong man, Muff Potter, is accused **of** the crime. Tom,

到達点まで一直線に向かう矢印
Huck, and a friend run away **to** be pirates, but become aware

意識を向いている方向や指さし方向　　　　分離、帰属
that the whole town is searching **for** their bodies. Each **of** the

全体を見渡して「今、ここ！」と指さすイメージ
boys make an appearance **at** their own funerals, where they

空間共有・双方向性
are greeted **with** open arms. **As** Muff Potter's trial begins,
2つのものを天秤にかけるイメージ

空間共有・双方向性　　　　　　　　　　　　対象物の「対」
Tom is overcome **with** guilt and testifies **against** Injun Joe,

who quickly flees the courtroom.

では、それぞれのイメージを大事にしながら、英文を読んでいきましょう。

Tom's real trouble begins when he and Huck Finn witness a murder committed by Injun Joe. の箇所

by は「ちょっとした隔たりのある『そば』」というイメージ。by の持つ心理的な隔たりが「あいつにやられた感（被害者意識）」を出しています。殺人には被害者がつきものですから、ここでの by 使用は適切だと言えますね。

They swear to never tell, and the wrong man, Muff Potter, is accused of the crime. の箇所

to のイメージは「到達点まで一直線に向かう矢印（→）」です。They swear（彼らは誓う）の向かう方向が never tell（絶対に言わない）だったわけですね。

the wrong man, Muff Potter, is accused **of** the crime. の箇所

of のイメージは「分離、帰属」。この場合は Muff Potter という人が be accused「告発された」わけで、その「告発」が帰属するところはどこか?というと the crime「その犯罪」。何に対して告発されているのか?ということが of の後に続く箇所によって明確化されています。

Tom, Huck, and a friend run away **to** be pirates の箇所

to のイメージは「到達点まで一直線に向かう矢印（→）」。run away という行動が向かうのが be pirates であり、つまりそれが彼らの目指すところだと言えます。

but become aware that the whole town is searching **for** their bodies の箇所

for は「意識の向いている方向や指さし方向」のイメージ。ここでは the whole town が their bodies に向かって腕を伸ばし求めているような感じです。まさに「探している感」が出ていますね。

Each **of** the boys make an appearance at their own funerals, の箇所

of は「分離、帰属」。ここでは少年ひとりひとりの存在感が浮き立つような分離感が感じられます。

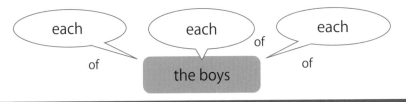

Each of the boys make an appearance **at** their own funerals, の箇所

at は「全体を見渡して『今、ここ！』と指さすイメージ」です。他のどこでもない、まさに「彼ら自身の葬式で」というピンポイントさが感じられます。

where they are greeted **with** open arms の箇所

with のイメージ「空間共有・双方向性」によって greeting と open arms が手をつないでいる感じがする文です。少年たちの家族や友人は、生きていた彼らに greeted with open arms（両手を広げて挨拶を）したわけですね。少年たちが無事だったことを、心から「手放しで」喜んでいる感じが伝わります。

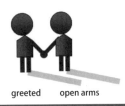

greeted　open arms

As Muff Potter's trial begins, の箇所

この as は前置詞としてではなく接続詞として使われていますが、as という単語そのものが運ぶイメージに変わりはありません。as は「2つのものを天秤にかけるイメージ」で対等さを感じさせ、この場合は「同時に起きたこと」を知らせる役割をしています。

ここで起きたのは「Muff Potter の裁判が始まった」ことと Tom is overcome with guilt and testifies against Injun Joe ということになります。

Tom is overcome with guilt and testifies against Injun Joe, の箇所

with は「空間共有・双方向性」のイメージで、さらに「仲良し感」を感じさせます。ここでは Tom の overcome「克服」の状態に with が使われているので、Tom が guilt「罪悪感」と手をつないだイメージです。つまり、Tom は「無理やり克服させられた」とか「嫌だったけど仕方なしに克服することになった」のではなく、むしろ「自ら望んで、自分の guilt と手をつなぐような状態で、自分に向き合うことができた」のかなと推測できるわけです。

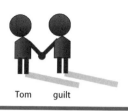

Tom is overcome with guilt and testifies **against** Injun Joe, の箇所

against は「対象物の『対』」というイメージで、対象物と反発していることを示すこともできる前置詞です。この場合はまさにそのイメージで、殺人者の Injun Joe に対して反発感を持ったうえで testify（証言する）していることがわかります。

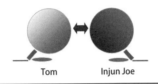

Tom　　　　Injun Joe

さて、各前置詞のイメージを思い描きながら読んでみました。

③　再度、こちらの文を声に出して読んでみてください。

Tom's real trouble begins when he and Huck Finn witness a murder committed by Injun Joe. They swear to never tell, and the wrong man, Muff Potter, is accused of the crime. Tom, Huck, and a friend run away to be pirates, but become aware that the whole town is searching for their bodies. Each of the boys make an appearance at their own funerals, where they are greeted with open arms. As Muff Potter's trial begins, Tom is overcome with guilt and testifies against Injun Joe, who quickly flees the courtroom.

　①で従来の方法で読んだ時と、前置詞をイメージしながら読んだ今とで、思い描ける情景の鮮明さが異なりましたか？

　自分で英文を読む時にも、こうして前置詞のイメージをシッカリと把握しながら、英語ならではのニュアンスを逃さずに読んでいきましょう。そうすることが、英語力アップにつながります。

第3部
前置詞役割別
チェック

第3部では前置詞を役割ごとに紹介していきます。というのも、前置詞は「時間の情報を運ぶ役割」をすることもあれば「位置の情報を運ぶ役割」をすることもある…というように、様々な役割を担うことがあるからです。ここでは主要な15の役割についてみていきましょう。ですから、第2部でみたように「各前置詞のイメージを意識しながら情景を思い描く」ということは継続してください。

　役割別に前置詞をみていくことのメリットは以下の通りです。
① 同じ役割を担う前置詞を知ることで、より「使い分け」の意識が高まり、アウトプット時の参考にしやすい
② 各役割を担う前置詞が、どんな構文でどんな単語と共に使われることが多いのかを知ることができる
③ 各役割を担う前置詞の、一般的な日本語対訳の確認ができる

　こうしたことを意識しながら英文に触れ、実際に自分で英文を書いたり話したりするときに、自分の伝えたいイメージに合った前置詞を選択できるようにしていきましょう。
　ただ、それぞれを暗記するのではなく、「この前置詞がこの役割で使われる時は、こんな感じの日本語になるんだ」と観察をするつもりで読んでいってください。インプット時に大事なのは、あくまでも暗記をしようとすることではなく、各前置詞のイメージを意識して情景を思い描きながら英文を読み聞きすることです。

　各役割紹介の後には練習問題が4つあります。1つ目は長文読解。太文字になっている「その役割を担う前置詞」のイメージを思い出しながら文章を読んでいけるか、確認してみてください。2つ目は、1つ目の長文読解で出てきた文章を一部変えた文の、穴埋め問題となります。その文にある前置詞の、使い方のレパートリーを増やす意識で取り組んでください。3つ目は、おそらく日本の英語教材でよく出会うタイプの問題。日本語の情報をヒントに、適切な前置詞を選んでください。そして4つ目は、ヒントが一切なしの前置詞の穴埋め問題。英語圏に留学をすると英語の授業ではこうした問題が出されます。このタイプの練習問題は実践的な前置詞使用の予行演習となるので、頑張ってください。
　各セクションでは、特定の役割を担う使われ方をしている前置詞にだけフォー

カスをしていきます。ですので、例えば「時間」のセクションでは「時間の情報を運ぶ役割を担う使われ方をしている前置詞」だけをみていくことになります。

　練習問題の答えは第 3 部の最後（237 ページ〜）に載せています。練習問題をしたら、必ず答えの確認をしてください。

　では、以下の主要な 15 の役割をみていきましょう。

　　　1：時間
　　　2：位置
　　　3：方向
　　　4：数字
　　　5：天気
　　　6：情報元
　　　7：所属
　　　8：記述
　　　9：受け取り手
　　10：衣類
　　11：トピック
　　12：状態
　　13：離別
　　14：気持ち
　　15：行動

① 時間

in	on	at
世紀（century）、 10 年（decade）、 年（year）、 季節（season）、 月（month）	曜日（a day）、 複数の曜日（days）、 特定の日付（date）、 複数の日付（dates）	深夜 0 時（midnight）、 正午（noon）、 夜（night）、 夜明け（daybreak）、 日没（sunset）
特定の長さの時間の 間に / 後に		「この時間」と指さし できる感覚の具体的な時間

特定の長さの時間の中で

at around	at about
だいたいの時間	だいたいの時間

before	after
特定の時間の前	特定の時間の後、次

during	through	throughout
特定の期間の一部	特定の期間中ずっと、 そしてその後も	特定の期間中ずっと、 そしてその後も

＊別のイベントと同時刻

by

特定の時間までに

to

×時〇分前

of

×時〇分前

toward

（特定の時間）に向かう頃

between

特定の時間と、また別の時間の間

within

今と、特定の長さの時間の間
（今から〇分以内）

beyond

特定の時間を超えて

past

特定の時間を超えて

until

その時間まで、
でもその時間以降は続かない

for

特定の長さの時間の間

since

過去の一点と今の間

ahead of

～の前に

behind

～に遅れて

up

特定の行動のための時間が残っていない

out of

残り時間がない

with

～と同時に

under

～より少ない時間で (= less than)

over

～より多い時間で (= more than)

from

特定の時間から

前置詞が「時間」の概念と共に使われるケースの例文をみていきましょう。

in 立体的な物に入っているような感じ

*世紀（century）、10 年（decade）、年（year）、季節（season）、月（month）

例：She was a famous poet **in** the 16th century.
　　彼女は 16 世紀に有名だった詩人だ。

例：The singer dressed up in an outfit that was popular **in** the 80s.
　　その歌手は 80 年代に人気だった洋服を着ていた。

例：My sister was born **in** 2003.
　　私の姉（もしくは妹）は 2003 年に生まれた。

例：My aunt likes to visit us **in** spring.
　　私の伯母（もしくは叔母）は春に私たちを訪れるのが好きだ。

例：I always see my aunt **in** April.
　　私はいつも 4 月に伯母（もしくは叔母）に会う。

*特定の長さの時間の間に / 後に

例：My aunt will call me **in** 10 minutes.
　　私の伯母（もしくは叔母）は 10 分後に電話をしてくる。

例：My aunt will be here **in** a month.
　　私の伯母（もしくは叔母）は 1 か月後にここに来る。

*特定の長さの時間の中で

例：My aunt wants to have children **in** the future.
　　私の伯母（もしくは叔母）は将来子供を欲しがっている。

＊熟語的に「時間」を表す使い方の例

in time：特定のイベント等に遅刻しない
　　　　　程度に、遅すぎず

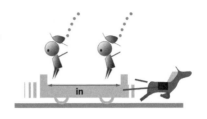

例：I'm glad you made it **in** time
　　so you can try our delicious
　　foods.

あなたが（イベントが終わる前に）遅れずに来てくれて良かった。
私たちの、美味しいご飯を食べられるね。

in the morning：朝に、もしくは午前中に
例：My aunt arrived at our house **in** the morning.

私の伯母（もしくは叔母）は朝に、私たちの家に到着した。

in the afternoon：昼に、もしくは午後に
例：She took a nap **in** the afternoon since she was tired.

彼女は疲れていたので、午後に昼寝をした。

in the evening：夕方、もしくは夜に
例：She was ready to go out **in** the evening.

彼女は夕方に出かける準備ができていた。

on　圧力を感じるような接触

＊曜日（a day）、複数の曜日（days）、特定の日付（date）、
複数の日付（dates）

例：My girlfriend comes to see me **on** Sunday.

私の彼女は、日曜日に私に会いに来る。

例：She doesn't have to work **on** Sundays.

彼女は毎週日曜日に働く必要がない。
※毎週日曜日ということで複数形の -s をつけて Sundays とすることもできますが、そうせず She
　doesn't have to work on Sunday. と単数形として使っても構わない。

例：I couldn't see my girlfriend **on** my birthday.

　私は自分の誕生日に、彼女に会うことができなかった。

例：She celebrated my birthday **on** September 13th and 14th instead.

　代わりに、彼女は9月13日と14日に誕生日を祝ってくれた。

＊熟語的に「時間」を表す使い方の例

on time：時間通りに、決められた時間にぴったりと接着しているイメージ

例：I'm glad you came **on** time since the meeting is important for our company's future.

　この会議は会社の未来にとって重要となるから、
　あなたが時間通りに来てくれて良かったよ。

on the dot：時間通りに、（分刻みで）きっかりと
※時計の盤上のイメージ

例：The meeting will begin at 10 a.m. **on** the dot.

　会議は午前10時きっかりに始まる。

at　全体を見渡して「今、ここ！」と指さすイメージ

＊深夜0時（midnight）、正午（noon）、夜（night）、夜明け（daybreak）、日没（sunset）

例：My brother works **at** night.

　私の兄（もしくは弟）は夜に働く。

例：We went to bed **at** dusk.

　私たちは夕暮れ時に寝た。

＊具体的な時間

例：He leaves his school **at** 2:30 p.m.

　彼は午後2時半に学校を出る。

＊熟語的に「時間」を表す使い方の例

at present：今

例：He is on vacation **at** present.

　　　彼は今、休暇中だ。

at the moment：今

例：He is thinking to quit his job **at** the moment.

　　　彼は今、仕事を辞めようか考えている。

---

at present と **at the moment** の違い

at present は「今という一点」を指さししている感じ。まさに「今この瞬間」。
at the moment は、moment（一瞬）を定冠詞の the で区切り、その区画を
指さししている感じ。なので「今」ではあるけど、「期間」的な長さをも感じ
させる表現です。

present（今）　　　　　　the moment
　　　　　　　　　　　（今この瞬間という期間）

---

at around 　全体を見渡して「今、ここ!」と指さすイメージ＋ぐるりと一周する動き

＊だいたいの時間

例：They will leave their house
　　at around six.

　　　彼らは家を 6 時頃に出発する。

at about 　全体を見渡して「今、ここ!」と指さすイメージ＋周辺

＊だいたいの時間

例：They will get here
　　at about seven.

　　　彼らはここに 7 時頃に到着する。

before 　何かの前

＊特定の時間の前

例：Seven o'clock is **before** nine
o'clock.

　7時は9時の前。

例：I have to eat dinner **before** my
tennis lesson.

　テニスのレッスンの前に、夕飯を食べないといけない。

after 　何かの後ろ

＊特定の時間の後、次

例：Seven o'clock is **after** five o'clock.

　7時は5時の後。

例：I have my tennis lesson **after** dinner.

　夕飯後に、テニスのレッスンがある。

during 　特定の期間内（期間の間ずっと／期間の一部）

＊特定の期間の一部

例：He slept **during** the morning.

　彼は朝のうちに寝た。
　※朝ずっとではなく、例えば朝9時〜11時。

＊別のイベントと同時刻

例：He slept **during** the class.

　彼は授業中に寝た。
　※授業と同時刻。つまり授業中。

ある期間ずっと　　　　ある期間の中のある時点

through  トンネルのような空間を通り抜けるイメージ

＊特定の期間中ずっと、そしてその後も

例：He slept **through** the morning.

彼は朝ずっと寝た。

※朝ずっと。例えば午前8時〜12時。

throughout  空間を通過し終えるイメージ

＊特定の期間中ずっと、そしてその後も

※ through よりも「期間中ずっと感」が強い

例：He slept **throughout** the morning.

彼は朝ずっと寝た。

※朝ずぅぅぅぅぅぅぅっと。例えば午前8時〜12時。

---

through と throughout の違い

through は時間の経過（図の矢印の部分）にフォーカスが向いていて、throughout は「通過し終えた」という終わりの部分にフォーカスが向いています。

 through　 throughout

by ちょっとした隔たりのある「そば」

＊特定の時間までに

例：They have to get here **by** seven-thirty.

彼らはここに7時半までに到着しないといけない。

＊熟語的に「時間」を表す使い方の例

by the time：その時までには

例：**By** the time they get here, we will have finished our dinner.

彼らがここに到着するまでには、私たちは夕飯を食べ終えているだろう。

to 到達点まで一直線に向かう矢印（→）

＊×時○分前

例：It's a quarter **to** four.

今は、4時（になる）15分前。

※ a quarter は4分の1という意味。時間を表す表現として使われる
場合、60分（1時間）の4分の1ということで「15分」を意味します。

# of 分離、帰属

＊X時○分前

例：It's ten **of** four.

今は、4時（になる）10分前。

※ ten of four の ten は「10分」のことです。同じように
「4時（になる）5分前」のことを言いたければ It's five of four. と言うこともできます。

toward 到達点に向かっている感じ

＊（特定の時間）に向かう頃

例：It was **toward** the end of September
when she moved to NY.

彼女がニューヨークに引っ越したのは9月が終わる頃
だった。

between 2 つの物の間

＊特定の時間と、また別の時間の間

例：They will arrive here **between** seven and eight.

彼らは、7 時から 8 時の間にここに到着する。

within 境界線の内側

＊今と、特定の長さの時間の間（今から〇分以内）

例：They will arrive here **within** 5 minutes.

彼らは、5 分以内にここに到着する。

beyond 境界線を越えた、向こう側

＊特定の時間を超えて

例：My friend and I kept talking on the phone **beyond** midnight.

友だちと私は、深夜 0 時を超えても電話で話し続けた。
※深夜 0 時以降も話していた。

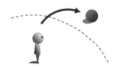

past 基準点を過ぎ去る

＊特定の時間を超えて

例：My friend and I kept talking on the phone **past** midnight.

友だちと私は、深夜 0 時過ぎまで電話で話し続けた。
※深夜 0 時以降も少し話していた。

until 「変化の一点」を目指す感

＊その時間まで、でもその時間以降は続かない

例：My friend and I talked on the phone **until** 2 a.m.

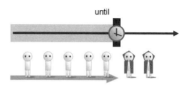

友だちと私は、午前 2 時まで電話で話した。
※午前 2 時には電話を終えた。

for 意識の向いている方向や指さし方向

＊特定の長さの時間の間

例：We have been friends **for** 15 years.

私たちは 15 年間、友だちだ。

since 和訳のままの「〜から」のイメージ

＊過去の一点と今の間

例：I have known her **since** middle school.

私は彼女のことを中学校にいた時から知っている。

ahead of ahead（先に）＋分離、帰属

＊〜の前に

例：Thank you for coming here **ahead of** time; you can help me prepare for the photoshoot.

時間前に来てくれてありがとう。写真撮影の準備をするから手伝って。

behind 何かと比べた時の「後ろ」

＊〜に遅れて

例：Do you realize you are **behind** everyone on the in-class project because you came in late?

あなたは授業に遅れてきたから、授業内プロジェクトでみんなから遅れをとっていることに気づいている？

up 上のほうへ

＊特定の行動のための時間が残っていない

例：I felt so bad when my son was told that his time was **up**. He didn't complete the task in time.

息子が時間切れと言われたとき、すごく可哀想に思った。彼は時間内にタスクを終えることができなかった。

out of 外へ、表へ出てハッキリ＋分離、帰属

＊残り時間がない

例：We couldn't complete our project because we ran **out of** time.

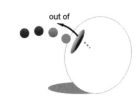

残り時間がなくなってしまったので、プロジェクトを終えることができなかった。

with 空間共有・双方向性

＊〜と同時に

例：She woke up **with** the sun.

彼女は太陽と共に起きた。
（彼女は太陽が昇ると同時に起きた。）

under 広がりのある物の「下」

＊〜より少ない時間で（= less than）

例：She will be coming here in **under** an hour.

彼女は1時間以内にここに来る。

over アーチ状の覆い

＊〜より多い時間で（= more than）

例：I have been waiting for her for **over** an hour.

私は彼女を、1時間以上待っている。

from 矢印の起点

＊特定の時間から

　例：The conference will run **from** 9 a.m. to 5 p.m.

　　　その会議は午前9時から午後5時までおこなわれます。

＊熟語的に「時間」を表す使い方の例

　from now on：今から未来にかけて

　from that time on：（過去の）特定の時間から今、
　　　　　　　　　　　　そして未来にかけて

　例：Last year, I failed an important exam. **From that time on**,
　　　I have been studying seriously.

　　　昨年、大事な試験に落ちた。その時から私は真剣に勉強している。

練習問題 1　各前置詞のイメージと正しい日本語訳を思い浮かべながら文章を読みましょう。

ポイント　英文を読みながら各前置詞のイメージを思い起こせますか？
その練習をするつもりで読み進めていってください。必要であれば
メモを書き込んでも OK です。

"I'm running **out of** time!" exclaimed Satoshi. It was August 31st,
the final day of his summer break. In Japan, grade school students
are assigned homework **during** the summer, which is due **on** the
first day of school, September 1st.

"Satoshi, it's only 7:30 **in** the morning. We have breakfast **at** eight,
and then you'll have the entire day to finish your homework.
You've got this!"

Satoshi's older sister, Kaori, assured him. She had been helping
him with his assignments **since** last night, and they remained

awake **throughout** the entire night.

"But... Kaori, aren't you meeting your friends **at about** 9 a.m.? You won't be here." Satoshi pointed out.

"Yes, we need to finish as much as we can **by** that time. I'll start getting ready **at around** a quarter **to** nine. However, I'll be gone **for** just an hour. After that, I'll return to help you," Kaori responded.

"Thank you, Kaori... You're so much more understanding than Tatsuya."

Tatsuya, their eldest brother, works for a prominent corporation as an engineer. He's exceptionally punctual, meticulously organizing his daily tasks and finishing them **ahead of** schedule. Tatsuya makes it a habit to rise **with** the sun and ensures he never stays up **past** midnight.

"Tatsuya seems flawless. He never grasps how often I struggle with time management and never lends a hand," Satoshi lamented.

"Tatsuya wasn't always this way," Kaori began. "Mom once told me he was a lot like you **before** he started dating his current girlfriend. He was known to do everything **at** the last minute, often only beginning his homework **toward** the evening, confidently declaring, 'I can finish this **within** the next 20 minutes!' But he never did. He would continue studying **until** late, often going **beyond** 3 a.m. I was much younger then, but I vividly recall him exclaiming, 'I'm so tired! Why can't I retain anything? My time is **up**!'"

"He changed so much **after** he started dating his girlfriend?"

"Absolutely. **Between** now and then, influenced by her enduring discipline and punctuality, Tatsuya revamped the way he organized his days. Nowadays, he never goes **through** a night cramming or trying to complete tasks **at** the last moment," Kaori elaborated.

"It's hard to believe he was once like me," Satoshi mused.

"That's the point, Satoshi. You have the potential to evolve just as Tatsuya did. First, let's finish this homework **on time**, and then we'll strategize more effectively for the next summer," Kaori suggested. "Thank you, Kaori. I'll be better prepared next time."

練習問題 2　練習問題 1 の文と類似のものが用意されています。指定の前置詞を空欄に入れ、たくさんの英文に触れましょう。

ポイント　既存の文章の一部を変えるだけで異なる文を作ることができます。自己学習では、様々な参考書などにお手本として書かれている英文の一部を変え、自分の生活に合った内容の文にしていくのがお薦めです。これは英会話教室でもおこなわれる練習法。お手本の英文の一部を変え、どんどん自分ならではの英文にカスタマイズしていく練習をしましょう。

1. Text: "I'm running **out of** time!" exclaimed Satoshi."

   Alice is running _____ time.

   Ken didn't finish his homework on time. He ran _____ time.

2. Text: "In Japan, grade school students are assigned homework **during** the summer,"

   Japanese students must finish their homework _____ their Christmas break.

   Sunny needs to complete the questionnaire _____ her lunch time.

3. Text: "In Japan, grade school students are assigned homework during the summer, which is due **on** the first day of school, September 1st."

    The release date of this app is _____ March 3rd.

    This app will be available _____ the day you least expect... tomorrow!

4. Text: "Satoshi, it's only 7:30 **in** the morning."

    Jane, it's still at five _____ the morning. Let's go back to sleep.

    I have a meeting at four _____ the morning. This time was chosen to accommodate our client who is in a different time zone.

5. Text: "We have breakfast **at** eight, and then you'll have the entire day to finish your homework."

    Let's eat breakfast _____ eight o'clock.

    _____ what time are we supposed to eat breakfast?

6. Text: "She had been helping him with his assignments **since** last night,"

    My sister has been helping me clean my room _____ this morning.

    Jacob, my co-worker, has been helping me with the project _____ two months ago.

7. Text: "and they remained awake **throughout** the entire night."

    They kept playing the online game _____ the night.

    Sally broke up with her boyfriend and kept crying _____ the meal.

8. Text: "But... Kaori, aren't you meeting your friends **at about** 9 a.m.?"
   I will go out with my friends _____ 2 p.m. today.
   "_____ 10 a.m.? Be precise! Tell me exactly what time
   you'll be at home!"

9. Text: "Yes, we need to finish as much as we can **by** that time."
   I'm sure she can finish the assignment _____ the due date.
   Having a deadline means that you need to complete the task
   _____ that designated time.

10. Text: "I'll start getting ready **at around** a quarter to nine."
    I will be ready _____ 7 a.m.
    It's been fun but I have to leave here _____ 10:30 p.m.

11. Text: "I'll start getting ready at around a quarter **to** nine."
    Let's get ready at about a quarter _____ nine.
    It is now a quarter _____ seven, so we have 15 more
    minutes.

12. Text: "However, I'll be gone **for** just an hour."
    She has been gone _____ an hour already.
    I have been reading the newspaper _____ four hours.

13. Text: "He's exceptionally punctual, meticulously organizing his daily
    tasks and finishing them **ahead of** schedule."
    He makes sure to complete all the tasks _____ schedule.
    I'm _____ schedule: I'm done with my project and its
    deadline is a month away from now.

14. Text: "Tatsuya makes it a habit to rise **with** the sun and ensures he
    never stays up past midnight."
    It feels good to wake up _____ the sun.
    He came home _____ the dust, so it was too late for
    us to go horse-riding.

15. Text: "Tatsuya makes it a habit to rise with the sun and ensures he never stays up **past** midnight."

    It's sometimes fun to go to bed _____ midnight.

    It was _____ 2 a.m. when I got a text message from him.

16. Text: "Mom once told me he was a lot like you **before** he started dating his current girlfriend."

    He was more relaxed _____ he started working at the company.

    _____ it started raining, the sun was out.

17. Text: "He was known to do everything **at** the last minute,"

    Try to plan ahead of time. Don't do everything _____ the last minute.

    My flight ticket was very cheap since I got that _____ the last minute.

18. Text: "He was known to do everything at the last minute, often only beginning his homework **toward** the evening,"

    It's always _____ lunchtime that I get sleepy.

    Ms. Lee is expecting a baby boy _____ the end of December.

19. Text: "'I can finish this **within** the next 20 minutes!'"

    I will finish cooking _____ 10 minutes.

    You should be getting a call from the customer _____ the next 5 minutes.

20. Text: "He would continue studying **until** late, often going beyond 3 a.m."

    He needed to stay at school _____ late to prepare for the carnival.

    Do not move _____ I tell you so.

21. Text: "He would continue studying until late, often going **beyond** 3 a.m."

    We were told that we would receive the data late—like _____ 3 p.m.

    Tori hoped that she would continue to live with her roommate _____ three months.

22. Text: "My time is **up**!"

    "Okay, everyone. Your time is _____. Turn in your test."

    I was given an opportunity to try the new massage chair. But my time was _____ and I didn't use all the functions.

23. Text: "He changed so much **after** he started dating his girlfriend?"

    Joe started to wear jeans _____ he watched that movie.

    The game has got some bugs _____ the update.

24. Text: "**Between** now and then, influenced by her enduring discipline and punctuality, Tatsuya revamped the way he organized his days."

    _____ now and then, what changed the most?

    How I think of my work is the most notable change _____ now and then.

25. Text: "Nowadays, he never goes **through** a night cramming or trying to complete tasks at the last moment,"

    Ken and Kumi like to stay up and chat _____ the night.

    The baby finally slept _____ the night!

26. Text: "Nowadays, he never goes through a night cramming or trying to complete tasks **at** the last moment,"

Mami often finishes her artwork _____ the last moment.

Austin usually starts his exercises _____ the break of dawn.

27. Text: "First, let's finish this homework **on time**,"

Make sure to submit your project _____ .

Anthony always arrives _____ for class.

練習問題 3　空欄に適する前置詞を入れましょう。

ポイント: 英文と日本語のヒントを見て、どの前置詞を使えば良いのかを判断しましょう。複数の前置詞が当てはまる文もありますが、ここでは指定条件に合うものを選ぶようにしてください。

1. Jane is running _____ time.（残り時間がない）

2. Children in grade school need to complete their homework _____ the Christmas break.（特定の期間の一部）

3. The deadline for completing the task is _____ October 14th. （特定の日付）

4. I need to give this letter to my boss _____ my last day at work.（特定の時間までに）

5. It was _____ 9 p.m. when the package was delivered. （特定の時間を超えて、p で始まる単語）

6. Are we playing the online game at 8? Is it _____ the morning or at night?（特定の長さの時間の中で）

7. I have been working on this project _____ December. (過去の
一点と今の間)

8. This YouTube channel is so funny! I stayed up and watched their
videos _____ the night. (特定の期間中ずっと、そしてその後も。「期間中
ずっと」感をより強く)

9. I think my sister will go out with her friends _____ noon. (だい
たいの時間)

10. Let's complete the task _____ the deadline. (特定の時間の前)

11. It doesn't have to be precise. You can come to our house
_____ 10 o'clock. (だいたいの時間)

12. It is 3:45 p.m. now. It's a quarter _____ four. (×時〇分前)

13. "How long were you out?" "Only _____ 2 hours."
(特定の長さの時間の間)

14. Her planning skills are amazing. She is always _____
schedule. (〜の前に)

15. One of the best things when camping is waking up _____
the sun, listening to birds chirping. (〜と同時に)

16. Samantha woke up _____ Miles came home. (特定の時間の後、次)

17. Flight tickets are sometimes cheaper when you book them
_____ the last minute. (「この時間」と指さしできる感覚の具体的な時間)

18. I'm a night owl. Even if I feel tired and sleepy during the day, I am
wakeful _____ the night. (特定の期間中ずっと、そしてその後も)

19. _____ May and August, we see many kids who are on
summer break. (特定の時間と、また別の時間の間)

20. Dinner is almost ready. I will finish cooking _____ ten minutes. (今と、特定の長さの時間の間（今から〇分以内）、in を使わずに)

21. _____ 1856, the poet did not pick up his pen. (その時間まで、でもその時間以降は続かない)

22. I didn't realize it's been 3 hours since I started doing my exercise. It's already _____ our dinner time. (特定の時間を超えて、b で始まる単語)

23. Nick hasn't finished the test but his time is _____ anyway. (特定の行動のための時間が残っていない)

24. It was _____ the evening that my dad came home. ((特定の時間) に向かう頃)

25. Can you please call me a quarter _____ nine? (X 時〇分前、#12 とは異なる単語で)

26. I can't believe I am _____ the schedule. I don't like the feeling of being late. (〜に遅れて)

27. Cruz! Finish the practice test _____ 45 minutes! No one spends more time than that! (〜より少ない時間で)

28. Mom, I'm sorry. I needed to use _____ an hour for the practice test.
(〜より多い時間で)

29. I promise I will clean my room every day _____ now on!
(特定の時間から)

ポイント：ここでは一切日本語を介入させません。英文を読み、どの前置詞を使うべきか考えましょう。答えは一つではないかもしれませんが、適切なものが選べていたらそれで OK。実際の英語運用時でも「これでも良いし、あれでも良いよね」ということはあり得ます。

1. Robert and Kristen have been friends _____ they were babies.

2. They occasionally had a fight but they never spent _____ an hour without talking to each other. _____ an hour, they always made up with each other.

3. _____ the beginning, Robert has been good at staying in close touch. He replies to Kristen's text _____ 5 minutes.

4. Robert decided to propose to Kristen _____ her stay in England. She was gone _____ 2 years.

5. _____ Kristen came back from England, Robert proposed to her at sunset.

6. It was _____ 7 o'clock. Kristen does not remember the exact time but she recalls it was beautiful.

7. They headed to a nearby bar and spent their alone time _____ the bar closes. It was _____ midnight but they didn't feel tired or sleepy at all.

8. Kristen and Robert wanted to have their wedding _____ the winter that year, which means they needed to plan at least most of it _____ the next few months.

9. They thought it would be okay as long as they stayed _____ the schedule that their wedding planner created.

10. Kristen, like any other bride-to-be, decided to lose some weight _____ the wedding date. In fact, _____ that time and the wedding date, she had lost 15 pounds.

11. A day _____ the wedding day, Robert secretly woke up _____ the sun and tried to create a gift for Kristen as a surprise. Although he worked hard to prepare the present, he ran _____ time. His time was _____ when Kristen came to pick him up to head to their hotel. It was ten _____ five _____ the evening.

12. Kristen and Robert's wedding was held   _____ 2021
                                              _____ March
                                              _____ the 3rd
                                              _____ four
                                              _____ the evening.

② 位置

in	on	at
大陸 (a continent) 国 (a country) 州 (a state) 市 (a city) 街 (a town)	道 (a street) 建物の階 (a floor)	建物 (a building) 家 (a house) 住所の番地 (house / room number)
部屋 (a room) 屋内の一か所 (an area of a room)	屋外の一か所 (an outside area)	屋内の特定の作業場 (a work area inside)
水 (the water) 空気 (the air) 環境 (the environment)	海岸 (a coast) や 浜辺 (a beach) に 向かいあっている	海岸 (a coast) や 浜辺 (a beach)
中心 (the center) 真ん中 (the middle)	横 (the side) 右 (the right) 左 (the left) 表面 (the surface)	始め (the beginning) 始まり (the start) 終わり (the end)
方角 / 東西南北 (the north/south/ east/west)	北側 (the north side) 南側 (the south side) 東側 (the east side) 西側 (the west side)	
身体への攻撃	身体の表面	
歩いたり動き回ることが できない乗り物 (car/small boat/small plane/helicopter 等)	歩いたり動き回ることが できる乗り物 (bus/train/large boat/ airplane 等)	
	個人で乗る乗り物 (horse/bicycle/ motorcycle/skates 等)	

about

とある場所の全体

around

とある場所の全体

throughout

とある場所の全体

across

とある平面の全体

with

誰か・何かと同じ場所

over

〜の上に

above

〜の上に

below

〜の下に

under

〜の下に

underneath

〜の下に

beneath

〜の下に

against

（接触した状態で）
隣り合っている

beside

隣り合っている

next to

隣りに

by
そばに

between
〜の間に

among
〜の中に（混じって）

on	**on top of**	**upon**
〜の上に	〜の上に	〜の上に

off
〜から外れたところに

in	**inside**	**within**
〜の中に	〜の中に	〜の内側に

out of	**outside of**
〜の外に	〜の外側に

in back of	**behind**
〜の後ろに	〜の後ろに

in front of

〜の前に

ahead of

〜の前方に

across from

〜の向かい側に

opposite

〜の向かいに

near

〜の近くに

close to

〜の近くに

far from

〜から遠い

beyond

〜の遥か向こうに

at the top of

〜の上部分に

at the bottom of

〜の下部分に

on the top of

〜の上面に

on the bottom of

〜の下面に

on the side of

〜の側面に

前置詞が「位置」の概念と共に使われるケースの例文をみていきましょう。

in 　立体的な物に入っているような感じ

＊大陸（a continent）、国（a country）、州（a state）、市（a city）、街（a town）
  例：The actress lives **in** Hollywood.
      その女優はハリウッドに住んでいる。

＊部屋、屋内の一か所
  例：My father is **in** the garage.
      私の父はガレージにいる。

  例：I got the cheapest tickets for the concert so we will have to stand **in** the back.
      一番安いコンサートチケットを買ったから、私たちは後ろで立っていないといけないよ。

＊水（the water）、空気（the air）、環境（the environment）
  例：The boys are playing tag **in** the water.
      男の子たちは水中で鬼ごっこをしている。

  例：I like to feel the crispness **in** the air. I can tell the fall is near.
      （空気に）シャキッとするような寒さを感じるのが好き。秋は近いんだってわかる。

水 (the water)、空気 (the air)、環境 (the environment) というように定冠詞 the がついているのは「対象物の周囲にある水 / 空気 / 環境」と限定しているからです。

例：I'm walking in the rain.
　　遠い国に降る雨ではなく「自分のいる地域に降っている雨」の中を歩いている。

---

*中心（the center）、真ん中（the middle）

　例：There is a fountain **in** the center of the city.

　　　街の中心に噴水がある。

*方角 / 東西南北（the north/south/east/west）

　例：Montana is **in** the northwest of the United States.

　　　モンタナ州はアメリカ合衆国内の北西部にある。

*身体への攻撃

　例：I decided to breakup with my boyfriend when he hit me **in** the face.

　　　彼氏が私の顔を叩いた時、別れることを決めた。

　　　※英語では、まず「誰を叩いたのか（He hit me）」という情報を置き、そこから in を使って
　　　　「その人の身体のどの部分を叩いたのか（in the face）」という情報を追加します。

*中で歩いたり動き回ることができない乗り物（car/small boat/small plane/ helicopter 等）

　例：Why don't you ride **in** the car with us？

　　　私たちと一緒に車に乗りませんか？

on 圧力を感じるような接触

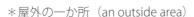

*道（a street）、建物の階（a floor）

　例：Erica lives **on** Green Avenue.

　　　エリカはグリーンアヴェニューに住んでいる。

　例：Their office is **on** the 23rd floor.

　　　彼らのオフィスは 23 階にある。

*屋外の一か所（an outside area）

　例：Matt likes to enjoy his beer **on** the balcony.

　　　マットはベランダでビールを嗜むのが好きだ。

＊海岸（a coast）や浜辺（a beach）に向かい合っている

例：The houses **on** the beach look very pretty.

<u>浜辺に向かい合っている</u>家がとても可愛らしい。

＊横（the side）、右（the right）、左（the left）、表面（the surface）

例：The water bottle **on** the left is mine.

<u>左側にある</u>水筒は私のです。

＊北側（the north side）、南側（the south side）、東側（the east side）、西側（the west side）

例：Montana is **on** the north side of the United States.

モンタナ州はアメリカ合衆国の<u>北側</u>にある。

＊身体の表面

例：I got a bee sting **on** my foot and I can't walk now.

<u>足（の表面）</u>をハチに刺されて、今、歩けない状態だ。

＊中で歩いたり動き回ることができる公共の乗り物（bus/train/large boat/ airplane 等）

例：Why don't you ride **on** the bus with us?

私たちと一緒に<u>バスに乗り</u>ませんか？

＊個人で乗る乗り物（horse/bicycle/motorcycle/skates）

例：I don't want him to ride **on** a motorcycle in the rain.

彼には雨の中、<u>オートバイに乗って</u>ほしくない。

at 全体を見渡して「今、ここ!」と指さすイメージ

*建物（a building）、家（a house）、
　住所の番地（house/room number）

例：Sally's father used to work **at** the
　　Twin Tower in New York.
　　サリーの父親はニューヨークの<u>ツインタワーで</u>
　　働いていた。

例：Joseph lives **at** the corner of Main street and 1st street.
　　ジョセフはメインストリートとファーストストリートの<u>角</u>に住んでいる。

例：Aubrey is staying **at** Room 312 in the hotel.
　　オーブリーはあのホテルの<u>312 号室に</u>滞在している。

*屋内の、特定の作業場（a work area inside）

例：Remi works as a quality manager **at** the paint shop section
　　of the car factory.
　　レミは車工場の<u>塗装部</u>の品質管理マネージャーとして働いている。

*海岸（a coast）や浜辺（a beach）

例：My relatives enjoyed their day **at** the beach.
　　私の親戚は、<u>浜辺での</u>一日を楽しんだ。

*始め（the beginning）、始まり（the start）、終わり（the end）

例：We want a strong statement **at** the beginning of this
　　paragraph.
　　<u>この段落の最初には</u>、強い主張文が欲しいね。

例：The city hall is **at** the end of this street.
　　<u>市役所はこの道の終わりに</u>あります。

about 周辺

*とある場所の全体
　例：The toys were thrown **about** the room.
　　　おもちゃが<u>部屋全体</u>に投げ散らかされていた。

around ぐるりと一周する動き

*とある場所の全体
　例：The clothes were lying **around** the house.
　　　洋服が<u>家全体</u>に乱雑に置かれていた。

throughout 空間を通過し終えるイメージ

*とある場所の全体
　例：It smells terrible **throughout** the house.
　　　<u>家全体</u>に悪臭がする。

across 平面を横切る

*とある平面の全体
　例：I see ants **across** the floor!
　　　<u>ここの床全体</u>に、アリがいる!

with 空間共有・双方向性

*誰か・何かと同じ場所
　例：The patient is **with** the nurse.
　　　その患者は<u>看護師と一緒に（同じ場所に）</u>いる。

ここからは、絵を見て、位置関係の情報を運ぶ役割を担う前置詞のニュアンスを把握していきましょう。日本語訳が同じだとしても、それぞれの前置詞が運ぶニュアンスの違いを感じ取ってください。

①

The white circle is **over** the black circle.　白い円は黒い円**の上に**ある。
The white circle is **above** the black circle.　白い円は黒い円**の上に**ある。

The black circle is **below** the white circle.　黒い円は白い円**の下に**ある。
The black circle is **beneath** the white circle.　黒い円は白い円**の下に**ある。
The black circle is **under** the white circle.　黒い円は白い円**の下に**ある。
The black circle is **underneath** the white circle.　黒い円は白い円**の下に**ある。

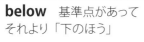

②

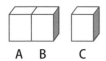

A　B　C

Box A is **against** Box B.　Box A は Box B に（接触した状態で）隣り合っている。
Box B is **by** Box C.　Box B は Box C のそばにある。
Box B is **beside** Box C.　Box B は Box C に隣り合っている。
Box B is **next to** Box C.　Box B は Box C の隣にある。

against 対象物の「対」	**by** ちょっとした 隔たりのある 「そば」	**beside** 2 つの物が 側に・隣り合って	**next to** 〜に隣接して

Box A と Box B の位置関係を by、beside、next to を使って表すこともできます。ただ、Box B と Box C は接触していないので、この 2 つに対して against を使うことはありません。

③

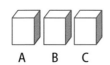

A　B　C

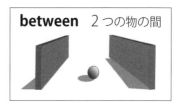

between　2 つの物の間

Box B is **between** Box A and Box C.　Box B は、Box A と Box C の間にある。

④

The black box is **among** the white boxes.

　　黒い箱は白い箱**の中に**（混じって）ある。

⑤

The black star is **on** the box.　黒い星は箱の**上に**ある。

The black star is **on top of** the box.　黒い星は箱の**上に**ある。

The black star is **upon** the box.　黒い星は箱の**上に**ある。

⑥

The black star is **off** the box.

　　黒い星は箱**から外れたところに**ある。

⑦

Star A is **in** the box.　Star A は箱<u>**の中に**</u>ある。

Star A is **inside** the box.　Star A は箱<u>**の中に**</u>ある。

Star A is **within** the box.　Star A は箱<u>**の内側に**</u>ある。

⑧

Star B is **out of** the box.　Star B は箱<u>**の外に**</u>ある。

Star B is **outside of** the box.　Star B は箱<u>**の外側に**</u>ある。

⑨

Box A is **in back of** Box B.　Box A は Box B <u>**の後ろに**</u>ある。

Box A is **behind** Box B.　Box A は <u>Box B **の後ろに**</u>ある。

Box B is **in front of** Box A.　Box B は Box A <u>**の前に**</u>ある。

Box B is **ahead of** Box A.　Box B は <u>Box A **の前方に**</u>ある。

※ in back of は文法的に正しいのですが、最近では定冠詞を含んだ in the back of の表現のほうがよく使われるようになっているそうです。

⑩

Box A is **across from** Box B.　Box A は <u>Box B **の向かい側に**</u>ある。

Box A is **opposite** Box B.　Box A は <u>Box B **の向かいに**</u>ある。

⑪

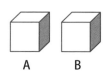

A   B   C   D

Box A is **near** Box B.　Box A は <u>Box B の近くに</u>ある。

Box A is **close to** Box B.　Box A は <u>Box B の近くに</u>ある。

Box C is **far from** Box A and Box B.　Box C は <u>Box A と Box B から遠い</u>。

Box D is **beyond** Box C.　Box D は <u>Box C の遥か向こうに</u>ある。

near	**close to**	**far from**	**beyond**
「近い」と思える距離感	〜に接して	〜から遠くに	境界線を越えた、向こう側

⑫

Line A is **at the top of** the box.　Line A は箱<u>の上部分に</u>ある。

Line B is **at the bottom of** the box.　Line B は<u>箱の下の部分に</u>ある。

at the top of
〜の上部分に

at the bottom of
〜の下部分に、底に

⑬

A is **on the top of** the box.　A は箱の**上面に**ある。

B is **on the bottom of** the box.　B は箱の**下面に**ある。

C is **on the side of** the box.　C は箱の**側面に**ある。

on the top of
〜の上面に

on the bottom of
〜の下面に

on the side of
〜の側面に

at the top of と on the top of の違い
at the bottom of と on the bottom of の違い

at は一点（指さし感）、on は表面（接触感）のイメージを運んでいます。
そう考えると、例えば 1 枚用紙があり、それに対して at the top of the page
と言う場合と on the top of the page と言う場合では、意識する場所が微妙
に異なることがわかります。at the top of the page では紙の上部分のどこか
一点を意味し、on the top of the page では紙の上部分全体を漠然と意味し
ているニュアンスが出ます。

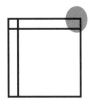

at the top of the page　　　on the top of the page
一点を意識　　　　　　　　漠然と上の部分を意識

at the top of は物理的な上部分（例：I'm at the top of the mountain.）のこ
とを表現することも、リスト上の上部分を語ることもできます（例：My name
is at the top of the list.）。でも on the top of は、物理的な上部分のこと（例：
I'm on the top of the mountain.）しか表現することができません。
また、on top of（〜の上）は under（〜の下）の逆の意味を持つだけですが、
on the top of となると「どこか特定の場所」が語られている、となります。そ
れは、定冠詞 the が入っていることからも納得できるのではないかと思います。
微妙な違いですが、たくさんの英文に触れて、少しずつ違いを把握していけ
るようにしましょう。

練習問題 1　各前置詞のイメージと正しい日本語訳を思い浮かべながら文章を読みましょう。

ポイント: 英文を読みながら各前置詞のイメージを思い起こせますか？
その練習をするつもりで読み進めてください。必要であればメモを
書き込んでも OK です。

Aubrey was **in** her office **on** Main Street. She was on the phone **with** Thomas, who lives **far from** her office – approximately a thousand miles away. Aubrey was sitting **on** her chair **at** her desk. Thomas told her to find a golden key **inside** the office.

Because her desk did not have any drawers, she always used a file cabinet. Wheels were attached **at the bottom of** the cabinet, so it was movable. It was usually placed **under** her desk, but Aubrey moved it **next to** the desk to have a better look **inside** the cabinet. She accidentally dropped unused name tags from one of its drawers when she was searching for a golden key **throughout** the cabinet. The name tags were scattered **about** the area, but she soon picked them **off** the floor. No golden key was found.

Next, Aubrey noticed little boxes were placed **around** a big bookshelf and one blue box was placed **upon** it. The bookshelf stood **against** the wall and **by** the door. There were many books stacked up **over** the blue box, so Aubrey carefully moved them first. She found just a few pennies **inside** the blue box and nothing **underneath**.

Across the room, Aubrey found a big entertainment center placed **between** big flower vases and **on top of** a nice rug. A TV monitor was nicely put **within** the TV area in the middle of the entertainment center. **Above** the TV area, as well as **below** it and beside it, there was plenty of room for storage. **Beneath** the TV area were drawers. When Aubrey opened one of the drawers, she found the golden key.

"Thomas, I found the key," said Aubrey.

"Okay, then get out of the room, and go **beyond** the hall to the fountain **near** the main entrance."

Aubrey went **outside of** the office and walked toward the fountain. As she got **close to** the fountain, she noticed that there was a golden box **behind** the fountain. She went around to the **opposite** side of the fountain, picked up the box, and opened the box with the key.

In shock, Aubrey's eyes caught a beautiful engagement ring **in** the box **in front of** her.

"Aubrey, will you marry me?" her sweet boyfriend asked softly, and she said yes.

練習問題 2 練習問題 1 の文と類似のものが用意されています。指定の前置詞を空欄に入れ、たくさんの英文に触れましょう。

※前置詞と異なる用法で使われているものもありますが、各単語が運んでいるイメージは同じです。「なるほど、こうして使うこともできるのか」と観察をする意識で穴埋めをしていってください。

ポイント: 既存の文章の一部を変えるだけで異なる文を作ることができます。自己学習では、様々な参考書などにお手本として書かれている英文の一部を変え、自分の生活に合った内容の文にしていくのがお薦めです。これは英会話教室でもおこなわれる練習法。お手本の英文の一部を変え、どんどん自分ならではの英文にカスタマイズしていく練習をしましょう。

1. Text: "Aubrey was **in** her office on Main Street."
   Daniel was _____ his office this afternoon.
   Emma baked brownies _____ the kitchen.

2. Text: "Aubrey was in her office **on** Main Street."
   Betty is in her office _____ Oak Avenue.
   The landmark you're looking for is _____ Green Avenue.

3. Text: "She was on the phone **with** Thomas, who lives far from her office – approximately a thousand miles away."
   Matthew was on the phone _____ his mother, who lives in Italy.
   Liam was _____ David on Discord, playing games and chatting.

4. Text: "She was on the phone with Thomas, who lives **far from** her office – approximately a thousand miles away."
   Anthony lives _____ his office; it takes him 2 hours to get there.
   Her office is very _____ ours.

5. Text: "Aubrey was sitting **on** her chair at her desk."
   Margaret was sitting _____ her dining chair.
   Jacob likes to sit _____ the beach and read his favorite books.

6. Text: "Aubrey was sitting on her chair **at** her desk."
   Sandra was studying _____ her desk.
   What did you do _____ home on Sunday?

7. Text: "Thomas told her to find a golden key **inside** the office."
   Mark told her to find her car key _____ the office.
   I cleaned _____ the minivan.

8. Text: "Wheels were attached **at the bottom of** the cabinet, so it was movable."
    Wheels are attached _____ the kindergarteners' bag.
    _____ the boat, a glass pane is installed as the floor, allowing us to see fish in the ocean.

9. Text: "It was usually placed **under** her desk, but Aubrey moved it next to the desk to have a better look inside the cabinet."
    The rug is usually placed _____ her desk.
    Check _____ your desk. Our cleaning machine often gets stacked in there.

10. Text: "It was usually placed under her desk, but Aubrey moved it **next to** the desk to have a better look inside the cabinet."
    Steven moved the light _____ his desk so he has enough light to read a book.
    I would like to put this vase _____ the bookshelf because they have matching colors.

11. Text: "It was usually placed under her desk, but Aubrey moved it next to the desk to have a better look **inside** the cabinet."
    Let's check _____ the cabinet. We might be able to find some candies.
    All the equipment _____ a new car is new!

12. Text: "She accidentally dropped unused name tags from one of its drawers when she was searching for a golden key **throughout** the cabinet."
    The main character in the movie searched for his key _____ the cabinet.
    Mia asked us to clean _____ the house since it's spring.

13. Text: "The name tags were scattered **about** the area, but she soon picked them off the floor."

    The pens were scattered _____ the area.

    All the art materials are thrown _____ the atelier. The artist must have had a rampage.

14. Text: "The name tags were scattered about the area, but she soon picked them **off** the floor."

    Sandra dropped the name tags so she needed to pick them _____ the floor.

    Alice! Wipe _____ the juice you spilled on the floor!

15. Text: "Next, Aubrey noticed little boxes were placed **around** a big bookshelf but one blue box was placed upon it."

    So many clothes were hung _____ the room. Let's put them away.

    Emily was amazed at the flowers that were blooming _____ the park.

16. Text: "Next, Aubrey noticed little boxes were placed around a big bookshelf but one blue box was placed **upon** it."

    Mom! I think I saw a spider _____ the bookshelf!

    Keep your game character _____ the glass block. So you will be able to get items.

17. Text: "The bookshelf stood **against** the wall and by the door."

    The copier stood _____ the wall and blocked the door.

    The yoga pole which was placed _____ the wall fell onto me when I was taking a nap right next to it.

18. Text: "The bookshelf stood against the wall and **by** the door."
    What is it that stands against the wall and _____ the door?
    Charlie doesn't like to sit _____ the window because he doesn't want to get suntanned.

19. Text: "There were many books stacked up **over** the blue box, so Aubrey carefully moved them first."
    Books are always stacked up _____ the bookshelf in my professor's office.
    Let's put a mesh cover _____ the food to keep the flies out.

20. Text: "She found just a few pennies **inside** the blue box and nothing underneath."
    Ashley was disappointed to find just a few pennies _____ the box.
    Smoking is strictly prohibited _____ the facility.

21. Text: "She found just a few pennies inside the blue box and nothing **underneath**."
    Ashely was more disappointed when she found nothing _____ the box.
    George found lots of dust _____ the carpet.

22. Text: "**Across** the room, Aubrey found a big entertainment center placed between big flower vases and on top of a nice rug."
    _____ the room, a big bookshelf was placed.
    There are water fountains _____ the campus.

23. Text: "Across the room, Aubrey found a big entertainment center placed **between** big flower vases and on top of a nice rug."
    That statue was placed _____ the flower vases.
    _____ these two puzzle pieces, there should be another piece.

24. Text: "Across the room, Aubrey found a big entertainment center placed between big flower vases and **on top of** a nice rug."
    The vases were put _____ a nice rug.
    It felt so good to be _____ Mount Fuji.

25. Text: "A TV monitor was nicely put **within** the TV area in the middle of the entertainment center."
    I put my piggy bank _____ the TV area in the middle of the entertainment center!
    Keep all your belongings _____ your reach so no one can steal them.

26. Text: "**Above** the TV area, as well as below it and beside it, there was plenty of room for storage."
    _____ the dining table, there is plenty of room for a lighting fixture.
    We hear so much noise from upstairs. I think the neighbors who live _____ us are having a party.

27. Text: "Above the TV area, as well as **below** it and beside it, there was plenty of room for storage."
    Although we have space above the TV, as well as _____ it and beside it, we do not want to place anything there.
    Michelle knotted a ribbon _____ the collar.

28. Text: "Above the TV area, as well as below it and **beside** it, there was plenty of room for storage."

    I wonder where our cat is. It is usually _____ the TV.

    Patricia sat _____ Mary, who is today's main speaker.

29. Text: "**Beneath** the TV area were drawers."

    _____ the TV area, we have a Blu-ray player and Blu-ray disks.

    The sea turtles disappeared _____ the waves.

30. Text: "Okay, then get out of the room, and go **beyond** the hall to the fountain near the main entrance."

    Proceed _____ the dotted yellow line to the fountain.

    Can you see the tiger _____ the tree? I think he's resting.

31. Text: "Okay, then get out of the room, and go beyond the hall to the fountain **near** the main entrance."

    The fountain is _____ the main entrance.

    Are there any bars that are still open _____ here?

32. Text: "Aubrey went **outside of** the office and walked towards the fountain."

    Wyatt went _____ the office because he needed some fresh air.

    I saw a woman crying _____ the courtroom. I wonder if that was a mother of a convict.

33. Text: "As she got **close to** the fountain, she noticed that there was a golden box behind the fountain."

    As Theodore got _____ the fountain, his date's appearance became clearer.

    Are we there yet? Are we _____ the Statue of Liberty?

34. Text: "As she got close to the fountain, she noticed that there was a golden box **behind** the fountain."
Ellie found her ring _____ the desk.
_____ the box of tea bags, you will find the supplements. Don't forget to take them.

35. Text: "She went around to the **opposite** side of the fountain, picked up the box, and opened the box with the key."
Layla walked her dog to the _____ side of the town.
Barbara's picture is on the _____ page.

36. Text: "In shock, Aubrey's eyes caught a beautiful engagement ring **in** the box in front of her."
Eleanor keeps her engagement ring _____ the box.
"Do _____ Rome as the Romans do."

37. Text: "In shock, Aubrey's eyes caught a beautiful engagement ring in the box **in front of** her."
Mateo stood _____ Scarlett to ask her to marry him.
William practices smiling _____ the mirror every day.

ポイント：英文と日本語のヒントを見て、どの前置詞を使えば良いのかを判断
しましょう。複数の前置詞が当てはまる文もありますが、ここでは
指定条件に合うものを選ぶようにしてください。

1.　Daniel is doing his homework ＿＿＿＿＿＿ his room.（部屋）

2.　My diary is ＿＿＿＿＿ the desk.（表面）

3.　I like to spend my time ＿＿＿＿＿ my best friend.
　　（誰か、何かと同じ場所）

4.　Because Levi lives very ＿＿＿＿＿ where we live, our time zones
　　are three hours apart.（〜から遠い）

5.　I didn't have time today, so I ate lunch ＿＿＿＿＿ my desk.（屋内の
　　特定の作業場）

6.　There might be termites ＿＿＿＿＿ this wall!（〜の中に、または〜の内
　　側に）

7.　The sand ＿＿＿＿＿ the bucket is wet.（〜の下部分に）

8.　Your dirty socks were ＿＿＿＿＿ the couch! Do not leave them
　　on the floor.（〜の下に、広がりのある物の「下」）

9.　Let's put tomatoes right ＿＿＿＿＿ the omelet. That will look
　　good.（隣りに、next を使って）

10. I can tell the robber searched for valuables ＿＿＿＿＿ the house.
　　Everything is thrown out on the floor.（とある場所の全体、空間を通過し終
　　えるイメージ）

11. Fresh eggs are found _____ the chicken coop this morning.
（とある場所の全体、周辺）

12. The coat rack can hold your hat once you take it _____. （〜から外れたところに）

13. I think only the houses _____ the power plant got affected by the power outage. （とある場所の全体、ぐるりと一周する動き）

14. Karen's jewelry was put _____ the glass plate. （〜の上に、ジャンプしてピョンと接触）

15. Joseph rested his forehead _____ his knees since he didn't want anyone to see his tears. （（接触した状態で）隣り合っている）

16. I set a mouse trap _____ the cheese! It should work great! （そばに）

17. Let's decorate the garland _____ the bookshelf. （〜の上に、アーチ状の覆い）

18. What's _____ the blanket? （〜の下に、接着感のある「すぐ下」）

19. Charles came _____ the field to say hi. （とある平面の全体）

20. I didn't feel comfortable sitting _____ Christopher and Sarah because I knew they are a couple but are in a huge fight. （〜の間に）

21. Make sure to put a top coat _____ the nail polish and dry under the UV light for 2 minutes. （〜の上に、3語で）

22. The factory is _____ walking distance from the company. （〜の内側に）

23. A second coat _____ the box is required because the base color on the side is white. （〜の側面に）

24. Gary is now several miles _____ us. He walks fast. (〜の前方に)

25. I think placing the fish tank _____ the toy box is a great idea. (〜の上に、基準点があってそれより「上のほう」)

26. "Eatery" is a unique place to dine in because we can see boats passing by _____ the restaurant. (〜の下に、基準点があってそれより「下のほう」)

27. Steven quietly stood _____ his son's teacher and watched his son overcome the challenge in the classroom. (隣り合っている)

28. The new house provides some storage space _____ the stairs. (〜の下に、隠すような感じですぐ下に)

29. Betty didn't leave the house even when her husband yelled "Get _____ the house!" (〜の外に)

30. _____ the window, a beautiful rose garden can be found. (〜の遥か向こうに)

31. My family's vacation house is _____ the lake but not close enough for us to walk. (〜の近くに、「近い」と思える距離感)

32. Right _____ the pool, ants are marching to carry the chocolate to their colony. (〜の外側に、境界線の外側)

33. Standing _____ Mt. Fuji was amazing! (〜の上部分に、指さすイメージで)

34. Lisa suggested a staycation instead of a vacation. Their cat was getting weaker so Lisa wanted to stay _____ home. (〜の近くに、2語で)

35. I parked my car _____ the building. They have a small parking space over that side as well. (〜の後ろに、1語で)

36. I don't want you to put those books _____ me because they will block my view. （〜の前に）

37. The people who are sitting _____ us look nice. （〜の向かいに、1語で）

38. The color _____ this statue faded. （〜の上面に）

39. Would you be able to tell which pig yours is _____ the herd of the pigs? （〜の中に（混じって））

40. Our new client is the one sitting _____ Fred. （〜の向かい側に、2語で）

41. _____ the sea, you should be able to find corals. （〜の下面に）

ポイント: ここでは一切日本語を介入させません。英文を読み、どの前置詞を
使うべきか考えましょう。答えは一つではないかもしれませんが、
適切なものが選べていたらそれで OK。実際の英語運用時でも「これ
でも良いし、あれでも良いよね」ということはあり得ます。

1. The art exhibition will be held _____ Room 230,
   _____ the second floor,
   _____ the new, white building,
   _____ Seabreeze Avenue,
   _____ the city of Turtle Beach.

2. My apartment is _____ the beach. The beach is right
   _____ my apartment. I would not say it is _____ the
   beach because we still have to cross the street to get to the beach.

3. However, the beach is _____ everything, including a
   supermarket, a hospital, and a school. The closest supermarket is
   _____ the hill, so we have to drive a lot.

4. The apartment building is uniquely surrounded by tropical flowers,
   so you can see many flowers _____ the building. Also, you
   can enjoy the smell of flowers _____ the building, but not
   just on the first floor. But be careful. Some bugs _____ the
   flowers can bite you.

5. My favorite part of the building is the shower room, which is at the
   back of the building. Since it is hiding in the back, you might not
   be able to notice it is there if you come from the front entrance.
   _____ the shower room, of course, you can take a shower.

6. Many residents use the shower room after they enjoy their time _____ the beach. So watch out for the sand scuttered _____ its floor. Make sure to wash them _____ your feet.

7. There are three showers in the shower room, and a shower curtain is hung _____ them. So you can use it _____ your friends at the same time.

8. If you get _____ the shower room, you will find a narrow staircase _____ the building. It does not have a roof, so you might get wet on a rainy day when using it.

9. It leads you to a balcony overlooking the ocean. So, technically, there is a balcony _____ the shower room. Or, we can say that there is a shower room _____ the balcony.

10. On the balcony, some comfortable, outdoor chairs are lined up. They are placed _____ each other. If you sit there, the beach is right _____ you.

11. This apartment also has an underground garage, so you can park your car _____ the building.

③ 方向

across
横切る動き

along
そばを(沿って)通る動き

by
そばを通る動き

around
～の周りを通る動き

down
下のほうへ向かう動き

for
～に向かう動き

from
出発地点

away from
出発地点から遠ざかる動き

in
中に入る動き

into
中に入っていく動き

off
～から離れる動き

onto
～の上に乗る動き

out of
（内から）外へと出る動き

over
～を越えていく動き

past
～を越えて（その先に）いく動き

through
～を突っ切っていく動き

to
着点

toward
着点の方向へ向かう動き

前置詞が方向の概念と共に使われるケースの例文をみていきましょう。

across 平面を横切る

＊横切る動き

例：Baby Elizabeth crawled **across** the room.
エリザベスちゃんが部屋をハイハイで横切った。

along 何かに沿って

＊そばを（沿って）通る動き

例：Do not wander off. Run **along** the line.
フラフラしないで。線に沿って走って。

by ちょっとした隔たりのある「そば」

＊そばを通る動き

例：You will be walking **by** the exhibits
but please keep your hands off.
展示品の横を歩くけど、触らないようにしてください。

around ぐるりと一周する動き

＊〜の周りを通る動き

例：The children are dancing **around**
the statue.
子どもたちが像の周りで踊っている。

down 下のほうへ

＊下のほうへ向かう動き

例：Evelyn happily went **down** the slide,
　　screaming "Weeeee!"

> エヴァリンは「ウィー!」と叫びながら、嬉しそうに
> 滑り台を滑った。

for 意識の向いている方向や指さし方向

＊～に向かう動き

例：Let's head out! We are leaving **for** Hawaii!

> さぁ、出かけよう! ハワイへ行くぞ!

from 矢印の起点

＊出発地点

例：Koko came **from** Hokkaido.

> ココは北海道から来た。

away from away（離れて、あちらへ）＋矢印の起点

＊出発地点から遠ざかる動き

例：Do not shy **away from** those fashion styles.

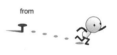

> あれらのファッションスタイルを遠ざけないで。
> ※挑戦してごらんと促す感じ。

in 立体的な物に入っているような感じ

＊中に入る動き

例：I like to bring my candles **in** the
　　bath. They help me relax.

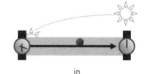

> お風呂場にキャンドルを持っていくのが好き。
> キャンドルを使うとリラックスできるから。

into 立体的な物の中に入り込む

＊中に入っていく動き

　例：Put your credit card **into** the ATM
　　　facing up.

　　　表側を上にして、ATM にカードを差し込んで。

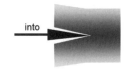

off 非接触

＊〜から離れる動き

　例：The student marched **off** to the
　　　school bus.

　　　生徒はスクールバスに向かって行進をしていった。

onto 着点に接触

＊〜の上に乗る動き

　例：Whenever I play the piano, my cat
　　　jumps **onto** it and bothers me.

　　　ピアノを弾いていると、猫がピアノに飛び乗って
　　　邪魔をしてくる。

out of 外へ、表へ出てハッキリ

＊（内から）外へ出る動き

　例：The cake store is moving **out of** the state.
　　　I will miss their cakes.

　　　あのケーキ屋さんは州外へ移動する。彼らのケーキが
　　　恋しくなるよ。

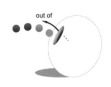

over アーチ状の覆い

＊〜を越えていく動き

例：Birds fly **over** the rainbow.

鳥が虹を越えて飛んでいる。

past 基準点を過ぎ去る

＊〜を越えて（その先に）いく動き

例：I wonder if we drove **past** her house.

彼女の家を越して（見逃して）来ちゃったかな。

through トンネルのような空間を通り抜けるイメージ

＊〜を突っ切っていく動き

例：A knife will slide **through** an ice cream cake only if it is warmed up.

ナイフが温められていた場合のみ、
アイスクリームケーキを切ることができる。

to 到達点まで一直線に向かう矢印（→）

＊着点

例：The thought of me going **to** Alaska to watch the aurora is exciting.

自分がアラスカに行ってオーロラを見るという考えは
ワクワクする。

toward 到達点に向かっている感じ

＊着点の方向へ向かう動き

例：Miners headed **toward** the West in search of gold.

鉱山労働者たちは金を求めて西へと向かった。

ここからは、絵を見て、方向の情報を運ぶ役割をする前置詞のニュアンスをより良く把握していきましょう。

①

line goes

The line goes **across** the box.　線が箱**を横切る**。

②

The line goes **along** the box.
　線が箱**に沿って**通る。
The line goes **by** the box.
　線が箱**のそばを**通る。

③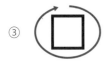

The line goes **around** the box.
　線が箱**の周りを**通る。

④

The line goes **down** the hill.
　線が丘**の下のほうへ**向かう。

⑤

for 意識の向いている
方向や指さし方向

The traveler is leaving **for** Italy.
旅行者がイタリア**に向かって**出発する。

⑥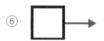

from 矢印の起点

The line goes **from** the box.
線が箱**から出発する**（箱を出発地点とする）。
The line goes **away from** the box.
線が箱**から遠ざかる**（遠ざかる感が強まる）。

⑦

in 矢印の起点

into 立体的な
物の中に入り込む

The line goes **in** the box.
線が箱**の中に**入る。
The line goes **into** the box.
線が箱**の中に**入っていく。

⑧

off 非接触

The line goes **off** the box.　線が箱**から離れる**。

⑨

The line goes **onto** the box.　線が<u>箱**の上に**</u>乗る。

⑩

The line goes **out of** the box.
　線が箱の（**内から**）**外へ**出る。

⑪

The line goes **over** the hill.　線が<u>丘**を越えて**</u>いく。

⑫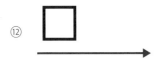

The line goes **past** the box.
　線が<u>箱**を越えて**</u>（箱の先に）進む。

⑬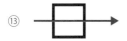

through
トンネルのような空間を
通り抜けるイメージ

The line goes **through** the box.
線が箱**を突っ切って**いく。

⑭

to　到達点まで
一直線に向かう矢印（→）

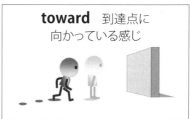

toward　到達点に
向かっている感じ

The line goes **to** the box.
線が箱**に**向かう。
The line goes **toward** the box.
線が箱**のほうへと**向かう。

ポイント : 英文を読みながら各前置詞のイメージを思い起こせますか？
その練習をするつもりで読み進めてください。必要であればメモを
書き込んでも OK です。

Raison dashed **across** the backyard. If he hadn't been racing **along** the fence, we would've easily lost him from view given his speed. Raison headed **toward** his owner, Aki, because he knew she had his beloved wiggling wand toy.

The moment Raison spotted the toy in Aki's grasp, he leaped **onto** her with enthusiasm. He's always been enamored by the toy's movement, boasting the strength and agility needed to chase it. Aki, for her part, knew how to amplify the fun. Incorporating a children's play tunnel, she'd whisk the toy **in** and **out of** it, making Raison maneuver more intricately to catch it. Whether the toy was darted **through** the tunnel or **past** it dictated Raison's next playful move.

However, Aki had recently installed a fresh lawn on one side of the yard, and she was keen to keep Raison from wandering **off** it. As a diversion, she showcased Raison's cherished cloth, tossing it to the opposite side. Capturing his attention was effortless; he quickly shifted focus **from** the toy **to** the cloth. But to reach it, he had to navigate a small hill. As he approached the descent, a hint of hesitation appeared, but he was able to go **over** and **down** the hill.

Left to his own devices, Raison indulged in playing with the cloth, flipping and swirling it **around** himself. Yet, after some time, he set off **for** his cat house. Perhaps, I mused, the spirited little feline was finally ready for a well-deserved nap.

※時に前置詞と異なる用法で使われているものもありますが、各単語が運んでい
るイメージは同じです。「なるほど、こうして使うこともできるのか」と観察
をする意識で穴埋めをしていってください。

ポイント: 既存の文章の一部を変えるだけで異なる文を作ることができます。
自己学習では、様々な参考書などにお手本として書かれている英文
の一部を変え、自分の生活に合った内容の文にしていくのがお薦め
です。これは英会話教室でもおこなわれる練習法。お手本の英文の
一部を変え、どんどん自分ならではの英文にカスタマイズしていく
練習をしましょう。

1.　Text: "Raison dashed **across** the backyard."
　　Samuel ran _____ the backyard.
　　This year's marathon course will take the runners _____
　　the town.

2.　Text: "If he hadn't been racing **along** the fence, we would've easily
　　lost him from view given his speed."
　　My cats raced _____ the fence.
　　Asher couldn't stop sneezing when he drove _____
　　the road lined with pine trees. He is allergic to their pollen.

3.　Text: "Raison headed **toward** his owner, Aki, because he knew she
　　had his beloved wiggling wand toy."
　　Our dog dashed _____ my mom since he knew it was
　　his dinner time.
　　Everyone turned _____ the baby because she burst
　　out crying.

4. Text: "The moment Raison spotted the toy in Aki's grasp, he leaped **onto** her with enthusiasm."
    My cat jumped _____ my pillow.
    Always spray the multipurpose cleaner _____ a cloth, not directly _____ the table.

5. Text: "Incorporating a children's play tunnel, she'd whisk the toy **in** and out of it, making Raison maneuver more intricately to catch it."
    My baby brother keeps putting his toy _____ and out of the box.
    Our hamster loves to put his bedding _____ the tunnel.

6. Text: "Incorporating a children's play tunnel, she'd whisk the toy in and **out of** it, making Raison maneuver more intricately to catch it."
    Layla took some cookies _____ the jar.
    Can you please take your baby sisters _____ the room? I need to vacuum here.

7. Text: "Whether the toy was darted **through** the tunnel or past it dictated Raison's next playful move."
    We need to drive _____ the tunnel to reach our destination.
    Little Red Riding Hood was walking _____ the woods when she met the wolf.

8. Text: "Whether the toy was darted through the tunnel or **past** it dictated Raison's next playful move."
    Oops, I did not notice I ran _____ you.
    Chloe was hoping that her ex-boyfriend wouldn't notice her as she walked _____ him.

9. Text: "she was keen to keep Raison from wandering **off** it."
   Please keep the dog _____ the grass.
   It's not safe; let's get our car _____ the edge of the cliff.

10. Text: "he quickly shifted focus **from** the toy to the cloth."
    David's attention moved _____ Aria to Grace since he likes Grace more.
    Matthew lost his interest in the subject, so the sparkle faded _____ his eyes.

11. Text: "he quickly shifted focus from the toy **to** the cloth."
    Please move your toys from the living room _____ your room.
    Pay attention _____ your teacher. She is telling us something important.

12. Text: "but he was able to go **over** and down the hill."
    The ants are marching _____ the little hill.
    Luke gently moved his hand _____ Ellie's head, hoping to make her feel better.

13. Text: "but he was able to go over and **down** the hill."
    Nora hesitated a little when she was about to go _____ the long staircase.
    My son's tricycle is going _____ the hill! Somebody stop it, please!

14. Text: "Left to his own devices, Raison indulged in playing with the cloth, flipping and swirling it **around** himself."
    Riley wrapped her scarf _____ her neck.
    Let's do a flower shower for mom and dad! Toss those flower petals _____ them!

15. Text: "Yet, after some time, he set off **for** his cat house."

    I felt fatigued in my legs, but I walked _____ the goal post anyway.

    He headed _____ the exit as soon as the event was over.

練習問題 3　空欄に適する前置詞を入れましょう。

ポイント: 英文と日本語のヒントを見て、どの前置詞を使えば良いのかを判断しましょう。複数の前置詞が当てはまる文もありますが、ここでは指定条件に合うものを選ぶようにしてください。

1. The bus left my hometown to head _____ the next destination. (着点の方向へ向かう動き)

2. The sled slid _____ the slope while I was drinking a hot chocolate. (下のほうへ向かう動き)

3. The wave took the boat _____ the shore! No one tied the boat to the dock. (〜から離れる動き)

4. What happened to Victoria? I saw her crying and flinging herself _____ the bed. (〜の上に乗る動き)

5. Carter forgot where the meeting room was, so he walked _____ the hallway, looking for the room. (そばを (沿って) 通る動き)

6. Emmet traveled _____ many countries before he finally came to Japan. (〜を突っ切っていく動き)

7. How far can we travel on a camel? _____ the whole desert? (横切る動き)

8. In the newly discovered desert temple, a group of archeologists came _____ contact with hazardous traps. （中に入っていく動き）

9. The YouTube video was well-created; it must have drawn a large audience _____ the circus. （着点）

10. I know you are trying to go with spring-colored materials. Yet, I think you should stay _____ that pink; it reminds me of a dead salmon. （出発地点から遠ざかる動き）

11. I don't think the leprechaun was really looking for a pot of gold; he just loved walking _____ the rainbow until its end.
    （〜を越えていく動き）

12. It's Friday! Let's go out _____ a beer! （〜に向かう動き）

13. The pandas at the zoo walked slowly _____ the fence so I was able to see them closely! （そばを通る動き）

14. Isaac easily gets jealous, so he put his arm _____ Aurora's shoulder when she was talking to other boys. （〜の周りを通る動き）

15. It is raining hard, and water is dripping _____ the roof!
    （出発地点）

16. Once you are _____ school, you'll need to find a job and live on your own. （（内から）外へと出る動き）

17. Oops, we drove _____ the post office. We were supposed to drop off our mail there. （〜を越えて（その先に）いく動き）

18. Christina wondered what ingredients go _____ the green juice. （中に入る動き）

練習問題 4　空欄に適する前置詞を入れましょう。

ポイント: ここでは一切日本語を介入させません。英文を読み、どの前置詞を
使うべきか考えましょう。答えは一つではないかもしれませんが、
適切なものが選べていたらそれで OK。実際の英語運用時でも「これ
でも良いし、あれでも良いよね」ということはあり得ます。

1. "I don't feel like playing golf today," sighed Dylan. He had played
   golf alone the previous day, and his performance was less than
   stellar. His swing was too aggressive and uncontrolled. Every shot
   he made sent the ball much lower and farther than he intended.
   His putts consistently went astray, either falling too short or
   overshooting. He had wanted to run _____ the course in
   sheer embarrassment.

2. However, today, he was set to play golf with his wife, Stella.
   Reluctantly, Dylan dragged himself _____ bed to prepare.

3. Living by a popular golf course, the couple often walked
   _____ it, finding golfing to be their favorite pastime. But
   for Stella, it wasn't just about the game. She relished the walk
   _____ the course and _____ its pathways, the
   peaceful conversations with Dylan as they strolled along, and
   the moments of focus as she aimed _____ the next hole.
   Witnessing Stella's cheerful demeanor that morning helped lift
   Dylan's spirits. By the time he stepped _____ the course, his
   earlier reluctance had vanished.

4. Today, Dylan's performance was commendable. From the moment he took his first shot, calmly aiming and sending it gliding _____ the fairway, his entire mood shifted. He was in his element. His swing was graceful, sending each ball _____ the desired direction with a centered and rhythmic strike.

5. At the last hole, something extraordinary occurred. Dylan stood at the tee, gazing _____ a small pond framed by cattails. The cup was distant, but he visualized his ball soaring _____ the air, flying _____ the hazards, and heading directly _____ the target. When he drove the ball _____ the tee, it took flight just as he'd imagined, emerging _____ his precise stance and swing. The ball made a beautiful arc, bounced _____ the edge of the green, took another hop a few yards from the hole, navigated a slight rise, and dropped directly _____ the cup. Astonishingly, Dylan had achieved a Hole-in-One!

④ 数字

　最初の 6 つの単語（about, around, above, over, under, between）は数字の前で使われると副詞となりますが、それぞれの単語が運ぶイメージに変わりはありません。

about

約、およそ

around

約、およそ

above

〜より多い

over

〜より多い

under

〜より少ない

between

一つの数字よりも多く、もう一つの数字よりも少ない（2 つの数字の間）

plus

足し算を示す

> plus は本書では紹介していませんが from, by, into, of 同様に数字と共に使われることが多いのでこちらでご紹介します。

from

引き算を示す

by

掛け算を示す

into

割り算を示す

of

分数を示す、量を表す

前置詞が「数字」の概念と共に使われるケースの例文をみていきましょう。

about 周辺

*約、およそ

例：There were **about** seven hundred
people at the concert.

そのコンサートには約700人の人がいた。

about

around ぐるりと一周する動き

*約、およそ

例：I heard that **around** a hundred thousand
people gathered at the expo.

その博覧会には約10万人の人が集まったと聞いた。

above 基準点があってそれより「上のほう」

*〜より多い

例：Today's temperature will be **above** 90 degrees
Fahrenheit.

今日の気温は華氏90度以上になる。

above

over アーチ状の覆い

*〜より多い

例：We have **over** one hundred hair salons
in this county.

この郡には100軒以上の美容院がある。

under 広がりがあるものの「下」

*〜より少ない

例：I don't have much money; I can't pay for
the service unless it costs **under** 100 dollars.

あまりお金がない。それが 100 ドル以下 でない限り、
私はそのサービス代を支払えない。

between 2つの物の間

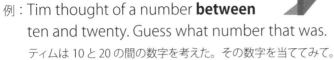

*一つの数字よりも多く、もう一つの数字よりも
少ない（2 つの数字の間）

例：Tim thought of a number **between**
ten and twenty. Guess what number that was.

ティムは 10 と 20 の間の数字を考えた。その数字を当ててみて。

plus 記号「＋」のイメージ

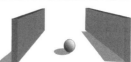

*足し算を示す

例：Five **plus** ten equals fifteen.

5 足す 10 は 15。（5+10=15）

from 矢印の起点

*引き算を示す

例：Five taken **from** fifteen equals ten.
Five subtracted **from** fifteen equals ten.

15 引く 5 は 10。（15-5=10）

by ちょっとした隔たりのある「そば」

＊掛け算を示す

例：Three multiplied **by** three equals nine.

<u>3 かける 3 は 9</u>。（3 × 3=9）

掛け算は multiplied by を使わず time を使って表現する
こともあります。

例：Three times three equals nine.

into 立体的な物の中に入り込む

＊割り算を示す

例：Six **into** three equals two.

<u>60 割る 3 は 2</u>。（6 ÷ 3 = 2）

six divided by three

割り算は into を使わず divided by を使って表現することもあります。

例：Six divided by three equals two.

# of 分離・帰属

＊分数を示す

例：One-half **of** fifty is twenty-five.

<u>50 の 2 分の 1 は 25</u>。（½x50=25）

One-quarter **of** fifty is twelve point five.

<u>50 の 4 分の 1 は 12.5</u>。（1/4x50=12.5）

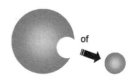

＊（可算名詞・不可算名詞にかかわらず）量を表す

all, many, much, a lot, lots, plenty, enough, several, some, a few, a little, a bit,
none

例：Many **of** my friends liked the movie.

<u>私の友人の多くが、その映画を気に入った</u>。

ポイント: 英文を読みながら各前置詞のイメージを思い起こせますか？
その練習をするつもりで読み進めてください。必要であればメモを
書き込んでも OK です。

Kumi: "Keita, how much money do you have right now?"

Keita: "Why do you ask? I think I have **around** 10 dollars."

Kumi: "I want to buy some chewing gum, but I don't think I have enough money. I only have five dollars. I might need to borrow some from you."

Keita: "How much does the gum cost?"

Kumi: "They are **about** two dollars each. I want four **of** them."

Keita: "So... two dollars multiplied **by** four is eight dollars."

Kumi: "Even with tax, it should be **under** fifteen dollars. So I should be able to buy them!"

Keita: "Wait, why fifteen dollars?"

Kumi: "I have five dollars, and you have ten. Five **plus** ten is fifteen!"

Keita: "I didn't say you could borrow all my money. I want to buy these chips."

Kumi: "Ugh, how much are those chips?"

Keita: "They are three dollars, but there's a 20% discount. So, they'll be a little **over** two dollars."

Kumi: "So, **between** two and two-fifty?"

Keita: "With tax, I think it'll be just **above** two-fifty."

Kumi: "If we assume the chips cost three dollars and we subtract that **from** your ten, it leaves seven. Add my five to your seven, and we have twelve dollars in total. If I divide that **by** the two dollars for each pack of gum..."

Keita: "Two **into** twelve equals six."

Kumi: "I have to account for tax... but yes! I can definitely get four packs!"

Keita: "Um... Kumi...?"

Kumi: "Yes?"

Keita: "Sorry, I thought I had ten dollars, but I actually only have four dollars."

練習問題 2　練習問題 1 の文と類似のものが用意されています。指定の前置詞を空欄に入れ、たくさんの英文に触れましょう。

ポイント: 既存の文章の一部を変えるだけで異なる文を作ることができます。自己学習では、様々な参考書などにお手本として書かれている英文の一部を変え、自分の生活に合った内容の文にしていくのがお薦めです。これは英会話教室でもおこなわれる練習法。お手本の英文の一部を変え、どんどん自分ならではの英文にカスタマイズしていく練習をしましょう。

1. Text: "I think I have **around** 10 dollars."
   I think he has _____ 1500 yen.
   I think he spent _____ 50 dollars.

2. Text: "They are **about** two dollars each."
   They cost _____ 750 yen each.
   They are _____ 30 dollars in total.

166

3. Text: "I want four **of** them."
   I want all _____ them.
   Emma wanted one third _____ the cake.

4. Text: "So... two dollars multiplied **by** four is eight dollars."
   The area of a rectangle is found by multiplying side A _____ side B.

5. Text: "Even with tax, it should be **under** fifteen dollars."
   It will be _____ one thousand dollars.
   Her budget is _____ five hundred.

6 Text: "Five **plus** ten is fifteen!"
   Ten _____ twelve is twenty-two.
   2a _____ 2b equals the perimeter.

7. Text: "So, they'll be a little **over** two dollars."
   The price will be a bit _____ five dollars.
   Her budget is _____ a million dollars.

8. Text: "So, **between** two and two fifty?"
   It will be _____ two and three dollars.
   The average monthly income for the household is _____ 6000 and 7000 dollars.

9. Text: "With tax, I think it'll be just **above** two-fifty."
   I think it will be a bit _____ 25000 yen.
   The price will be _____ our budget.

10. Text: "If we assume the chips cost three dollars and we subtract that **from** your ten, it leaves seven.
    Eight _____ thirteen equals five.
    Subtract the value of the mode _____ the total of all the numbers.

11. Text: "If I divide that **by** the two dollars for each pack of gum..."
    I divide twenty _____ five and get four.
    We have three kids, so we need to divide the number of cookies _____ three.

12. Text: "Two **into** twelve equals six."
    Three _____ thirty-six equals twelve.
    The mean is the result of dividing the sum of the data _____ the number of data points.

練習問題3　空欄に適する前置詞を入れましょう。

ポイント: 英文と日本語のヒントを見て、どの前置詞を使えば良いのかを判断しましょう。複数の前置詞が当てはまる文もありますが、ここでは指定条件に合うものを選ぶようにしてください。

1. I have _____ 300 dollars on me.（約、およそ）

2. Any number that is multiplied _____ zero will equal zero.（掛け算を示す）

3. What's the sum of the equation: 3923 _____ 481?（足し算を示す）

4. Subtracting 21 _____ 130 gives 109.（引き算を示す）

5. The difference between 130 and 21 is _____ 100.（〜より多い）

6. I think he is _____ 25 years old.（約、およそ）

7. Let's keep our budget low — _____ 4000 dollars.（〜より少ない）

8. Twelves _____ 144 equals twelve.（割り算を示す）

9. If we get _____ 20 orders at once, our kitchen staff won't be able to handle the task.（〜より多い）

10. The difference _____ 78 and 28 is 50. （2つの数字の間）

11. One-third _____ the cake is made of ice cream. （分数を示す、量を示す）

ポイント: ここでは一切日本語を介入させません。英文を読み、どの前置詞を使うべきか考えましょう。答えは一つではないかもしれませんが、適切なものが選べていたらそれで OK。実際の英語運用時でも「これでも良いし、あれでも良いよね」ということはあり得ます。

1200 ÷ （8 + 4 x 8） − 10

1. First, simplify the expression in the parentheses. Multiply first. 4 multiplied _____ 8 equals 32.

2. Add 8 to the product. 8 _____ 32 equals 40.

3. Calculate from left to right. 40 _____ 1200 equals 30.

4. Subtract 10 _____ 30 to get 20. The result of the equation is 20.

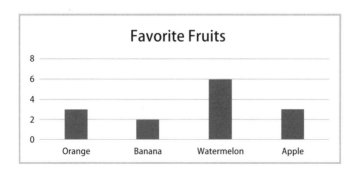

5. Which fruit did the most kids like? The number of votes for the fruit is _____ five.

6. Most fruits received _____ three votes.

7. Two _____ these fruits share the same number of votes.

8. Bananas are the least popular fruit with votes _____ three.

9. All the fruits received a number of votes _____ zero and ten.

5 天候

during

特殊な天候・災害の間

in

天候の種類、状態の説明

on

その日、その時間が、どんな天候かの説明

前置詞が「天候」の概念と共に使われるケースの例文をみていきましょう。

during 特定の期間内（期間の間ずっと / 期間の一部）

＊特殊な天候・災害の間

例：We couldn't go home **during** the flood.

洪水の間、私たちは家に帰ることができなかった。

in 立体的な物に入っているような感じ

＊天候の種類、状態の説明

例：I like to bask **in** the sun.

日光浴するのが好き。

on 圧力を感じるような接触

＊その日、その時間が、どんな天候かの説明

例：**On** cold days, reading a book near
the fireplace is favorable.

寒い日には暖炉の近くで読書をするのが好ましいよ。

練習問題 1　まず、それぞれのイメージと正しい日本語訳を思い浮かべながら文章を読みましょう。

ポイント：英文を読みながら各前置詞のイメージを思い起こせますか？
その練習をするつもりで読み進めてください。必要であればメモを
書き込んでも OK です。

> I was born and raised in California, basking **in** the sun. My favorite thing to do was relax on the beach **during** sunny mornings. Now, having moved to Kansas with my family, I find myself patiently staying in the basement **on** stormy days.

練習問題 2　練習問題 1 の文と類似のものが用意されています。指定の前置詞を空欄に入れ、たくさんの英文に触れましょう。

ポイント：既存の文章の一部を変えるだけで異なる文を作ることができます。
自己学習では、様々な参考書などにお手本として書かれている英文
の一部を変え、自分の生活に合った内容の文にしていくのがお薦め
です。これは英会話教室でもおこなわれる練習法。お手本の英文の
一部を変え、どんどん自分ならではの英文にカスタマイズしていく
練習をしましょう。

1.　Text: "I was born and raised in California, basking **in** the sun."
　　Hiro is from Seattle. He does not mind walking _____ the rain.
　　Children like to play _____ the snow.

2. Text: "My favorite thing to do was relax on the beach **during** sunny mornings."

    I'm sitting in the shelter _____ the storm.

    I love to read by the window _____ rainy afternoons.

3. Text: "Now, having moved to Kansas with my family, I find myself patiently staying in the basement **on** stormy days."

    What's your favorite thing to do _____ a snowy evening?

    My favorite thing to do is to join a beach-cleanup _____ sunny weekends.

練習問題 3　空欄に適する前置詞を入れましょう。

ポイント: 英文と日本語のヒントを見て、どの前置詞を使えば良いのかを判断しましょう。複数の前置詞が当てはまる文もありますが、ここでは指定条件に合うものを選ぶようにしてください。

1. _____ cold weather, it is nice to drink hot chocolate. (天候の種類、状態の説明)

2. _____ cold days in winter, you need to wear a hat, a scarf, and gloves. (その日、その時間が、どんな天候かの説明)

3. I felt restless _____ the earthquake. (特殊な天候・災害の間)

4. There was a power outage _____ the hurricane. (特殊な天候・災害の間)

5. My baby can't sleep well _____ humid nights. (その日、その時間が、どんな天候かの説明)

6. I often get a headache _____ bad weather. （天候の種類、状態の説明）

ポイント: ここでは一切日本語を介入させません。英文を読み、どの前置詞を使うべきか考えましょう。答えは一つではないかもしれませんが、適切なものが選べていたらそれで OK。実際の英語運用時でも「これでも良いし、あれでも良いよね」ということはあり得ます。

1. As his research project, Santiago took a poll to see what kind of weather his friends and family like the best. He assumed everyone would like to relax _____ sunny days.

2. To his surprise, however, the most popular weather preference was the "thunderstorm." People explained to Santiago that, _____ bad weather, they are compelled to remain indoors, and this gives them an excuse to be lazy.

3. Yet, they do not want anything serious like a hurricane or tornado because those disasters will take their freedom away. People won't be able to do much _____ those disasters.

6 情報元

in

書き物（本、雑誌、新聞、記事等）

on

デジタルの物（ラジオ、テレビ、インターネット、電話、SNS、アプリ等）

from

人伝の話

画像の素材（写真、動画、映画等）

前置詞が「情報元」の概念と共に使われるケースの例文をみていきましょう。

in 　立体的な物に入っているような感じ

*書き物（本、雑誌、新聞、記事等）

　例：I read it **in** a book.

　　　私はそれを<u>本</u>で読んだ。

on 　圧力を感じるような接触

*デジタルの物（ラジオ、テレビ、インターネット、
電話、SNS、アプリ等）

　例：I heard it **on** the radio.

　　　私はそれを<u>ラジオ</u>で聞いた。

from 　矢印の起点

*人伝の話

　例：I heard it **from** my teacher.

　　　私はそれを<u>先生から</u>聞いた。

*画像の素材（写真、動画、映画等）

　例：I took that photo **from** the website.

　　　私はその画像を、<u>そのウェブサイトから</u>入手した。

ポイント: 英文を読みながら各前置詞のイメージを思い起こせますか？
その練習をするつもりで読み進めてください。必要であればメモを書き込んでも OK です。

I was surprised to see Emmet's picture **in** the newspaper. The article said his video went viral **on** TikTok. It seems that he used some screenshots **from** my YouTube video. I heard that **from** Emmet's twin sister.

練習問題 2　練習問題 1 の文と類似のものが用意されています。指定の前置詞を空欄に入れ、たくさんの英文に触れましょう。

ポイント: 既存の文章の一部を変えるだけで異なる文を作ることができます。自己学習では、様々な参考書などにお手本として書かれている英文の一部を変え、自分の生活に合った内容の文にしていくのがお薦めです。これは英会話教室でもおこなわれる練習法。お手本の英文の一部を変え、どんどん自分ならではの英文にカスタマイズしていく練習をしましょう。

1. Text: "I was surprised to see Emmet's picture **in** the newspaper."
   I saw my grandmother's picture _____ the newspaper.
   I did not expect to see my uncle's article _____ the newspaper.

2. Text: "The article said his video went viral **on** TikTok."
   My video went viral _____ YouTube.
   My video was uploaded _____ the website.

3. Text: "It seems that he used some screenshots **from** my YouTube video."
   His research paper was on that movie, so Daniel used some pictures _____ that.
   He used the design _____ the online template.

4. Text: "I heard that **from** Emmet's twin sister."
   I heard that _____ a professor at Harvard.
   I learned that _____ my dad.

練習問題 3　空欄に適する前置詞を入れましょう。

ポイント：英文と日本語のヒントを見て、どの前置詞を使えば良いのかを判断しましょう。複数の前置詞が当てはまる文もありますが、ここでは指定条件に合うものを選ぶようにしてください。

1. I heard the news _____ the radio. （デジタルの物（ラジオ、テレビ、インターネット、電話、SNS、アプリ等））

2. I read the news _____ the magazine. （書き物（本、雑誌、新聞、記事等））

3. The behind-the-scenes footage was shown _____ TV.
   （デジタルの物（ラジオ、テレビ、インターネット、電話、SNS、アプリ等））

4. The story I heard _____ my nephew was shocking. （人伝の話）

5. The character is _____ the anime! （画像の素材（写真、動画、映画等））

6. The incident was revealed _____ the book. （書き物（本、雑誌、新聞、記事等））

練習問題 4　空欄に適する前置詞を入れましょう。

ポイント: ここでは一切日本語を介入させません。英文を読み、どの前置詞を使うべきか考えましょう。答えは一つではないかもしれませんが、適切なものが選べていたらそれで OK。実際の英語運用時でも「これでも良いし、あれでも良いよね」ということはあり得ます。

1. I learned, _____ the lecturer in the class, that reliable information is needed for a market evaluation.

2. _____ her book, she explains how surveying changing needs, monitoring buyers' intentions, and assessing the market characteristics are important.

3. If you haven't already, you should check her website. She summarizes those important points _____ her website.

4. The only downside about her website is that the photos used there are taken _____ royalty-free stock media websites. So, I often see the same images everywhere _____ the internet. I feel that decreases the reliability of her website.

7 所属

in

グループの一部

of

出身地、時間、文化、世代、人種、宗教、性別等
グループの特別なメンバー

on

特別なグループの一部

前置詞が「所属」の概念と共に使われるケースの例文をみていきましょう。

in 立体的な物に入っているような感じ

＊グループの一部

例：My sons are **in** the volunteer club.

　　私の息子たちは<u>ボランティアクラブに</u>入っている。

# of 帰属・対象

＊出身地、時間、文化、世代、人種、宗教、性別など

例：Many people **of** that generation are hard workers.

　　あの世代の多くの人はよく働く。

＊グループの特別なメンバー

例：Dr. Brown is the principal **of** the school.

　　ブラウン博士が<u>学校の</u>校長先生だ。

on 圧力を感じるような接触

＊特別なグループの一部

例：Axel got listed **on** the honor roll.

　　アクセルは<u>成績優秀者リストに</u>のった。

ポイント：英文を読みながら各前置詞のイメージを思い起こせますか？
その練習をするつもりで読み進めてください。必要であればメモを
書き込んでも OK です。

> I have always admired Caroline. She has been **in** a teacher's association for years. This year, she became a board member **of** the association. In addition, her research paper was recognized as one **of** the best in the field. Undoubtedly, she is demonstrating her excellent leadership **on** the board of the association.

練習問題2　練習問題1の文章と類似のものが用意されています。指定の前置詞を空欄に入れ、たくさんの英文に触れましょう。

ポイント：既存の文章の一部を変えるだけで異なる文を作ることができます。
自己学習では、様々な参考書などにお手本として書かれている英文
の一部を変え、自分の生活に合った内容の文にしていくのがお薦め
です。これは英会話教室でもおこなわれる練習法。お手本の英文の
一部を変え、どんどん自分ならではの英文にカスタマイズしていく
練習をしましょう。

1. Text: "She has been **in** a teacher's association for years."
   I have been _____ the student group for three years now.
   Not every employee is _____ the union.

2. Text: "This year, she became a board member **of** the association."
   Cooper is a new member _____ the association.
   I am delighted to become the vice president _____ the association.

3. Text: "In addition, her research paper was recognized as one **of** the best in the field."
   "The Starry Night" is considered one _____ the best pieces by Van Gogh.
   Luna is one _____ my best friends.

4. Text: "Undoubtedly, she is demonstrating her excellent leadership **on** the association board."
   Those ladies demonstrated their leadership _____ the committee.
   Ronan is _____ the school board.

練習問題 3　空欄に適する前置詞を入れましょう。

ポイント：英文と日本語のヒントを見て、どの前置詞を使えば良いのかを判断しましょう。複数の前置詞が当てはまる文もありますが、ここでは指定条件に合うものを選ぶようにしてください。

1. She is the vocalist _____ the popular rock band.
   （グループの特別なメンバー）

2. The little boy there is the son _____ my friend.
   （出身地、時間、文化、世代、人種、宗教、性別等）

3. It was amazing to watch the three best Shakespeare plays
   _____ all time. （出身地、時間、文化、世代、人種、宗教、性別等）

4. My sister is _____ jury duty so she must contribute to a verdict in a legal case. （特別なグループの一部）

5. My grandfather is _____ the garden club. （グループの一部）

6. Miles is _____ the best baseball team in the nation. （特別なグループの一部）

7. Skylar is the only VIP member _____ the club. （グループの特別なメンバー）

8. My eSports team is _____ Division 4, so we will go against last year's champion. （グループの一部）

練習問題 4　空欄に適する前置詞を入れましょう。

ポイント ： ここでは一切日本語を介入させません。英文を読み、どの前置詞を使うべきか考えましょう。答えは一つではないかもしれませんが、適切なものが選べていたらそれで OK。実際の英語運用時でも「これでも良いし、あれでも良いよね」ということはあり得ます。

1. If there is no union _____ your workplace, you can organize one yourself.

2. To form a union, you don't have to be _____ the executive board of the corporation.

3. You need to find your co-workers who share a common interest. So, start talking to some _____ them.

4. You might also want to learn how the union should be operated by examining the best unions _____ all time.

⑧ 記述

about

一部のこと

above

〜より良い

like

〜のように、〜に似ている

of

目に見えない特性のこと

with

身体的な特性のこと

前置詞が「記述」の概念と共に使われるケースの例文をみていきましょう。

about 周辺

*一部のこと

例：I didn't know anything **about** that.

そのことについて何も知らなかった。

about

above 基準点があってそれより「上のほう」

*〜より良い

例：That cabinet is **above** everything else.

あのキャビネットは他の何よりも良い。

like 並べて明確に

*〜のように、〜に似ている

例：You think **like** my father.

あなたは私の父のように考えるね。

# of 帰属・対象

*目に見えない特性のこと

例：He is a man **of** passion.

彼は情熱的な男性だ。

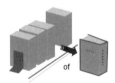
of

with 空間共有・双方向性

*身体的な特性のこと

例：Where did the girl **with** blonde hair go?

あのブロンド（金髪）の少女はどこに行った？

各前置詞のイメージと正しい日本語訳を思い浮かべながら文章を読みましょう。

ポイント：英文を読みながら各前置詞のイメージを思い起こせますか？
その練習をするつもりで読み進めてください。必要であればメモを
書き込んでも OK です。

> King Curtis is a handsome man **with** green eyes. His eyes are **like**
> jade. Among leaders, he stands **above** any I know. He is a man
> **of** morals and respect. You'll like him if you learn a thing or two
> **about** him.

練習問題 2 練習問題 1 の文と類似のものが用意されています。指定の前置詞を
空欄に入れ、たくさんの英文に触れましょう。

ポイント：既存の文章の一部を変えるだけで異なる文を作ることができます。
自己学習では、様々な参考書などにお手本として書かれている英文
の一部を変え、自分の生活に合った内容の文にしていくのがお薦め
です。これは英会話教室でもおこなわれる練習法。お手本の英文の
一部を変え、どんどん自分ならではの英文にカスタマイズしていく
練習をしましょう。

1. Text: "King Curtis is a handsome man **with** green eyes."
   George is a handsome man _____ curly hair.
   Did you see the beautiful lady _____ long hair?

2. Text: "His eyes are **like** jade."
   Her eyes are _____ sapphire—pure blue.
   The boy's smile was _____ a sunshine.

3. Text: "Among leaders, he stands **above** any I know."
    He is _____ anyone else.
    My boyfriend is the best! He is _____ mistreating me.

4. Text: "He is a man **of** morals and respect."
    She is a woman _____ respect and hard work.
    He is a priest _____ our faith.

5. Text: "You'll like him if you learn a thing or two **about** him."
    Once you discover more _____ him, you will find him likable.
    Tell me a few things _____ him.

練習問題 3　空欄に適する前置詞を入れましょう。

ポイント: 英文と日本語のヒントを見て、どの前置詞を使えば良いのかを判断しましょう。複数の前置詞が当てはまる文もありますが、ここでは指定条件に合うものを選ぶようにしてください。

1. Who is that boy _____ a dragon tattoo?（身体的な特性のこと）

2. What do you like _____ your girlfriend?（一部のこと）

3. My fiancé is the man _____ my dreams.（目に見えない特性のこと）

4. She is _____ telling a lie. I trust her.（〜より良い）

5. Tell us three good things _____ your hobby.（一部のこと）

6. That meeting was _____ a "view-only" session since the chairperson did not allow anyone to speak up.（〜のように、〜に似ている）

7. Leonard is the artist _____ unparalleled vision.
    （目に見えない特性のこと）

8. He is _____ all principalities and powers. （〜より良い）

9. That restaurant is _____ the Chinese restaurant near our house. （〜のように、〜に似ている）

10. Pinocchio is a wooden-puppet boy _____ a long nose. （身体的な特性のこと）

練習問題4　空欄に適する前置詞を入れましょう。

ポイント: ここでは一切日本語を介入させません。英文を読み、どの前置詞を使うべきか考えましょう。答えは一つではないかもしれませんが、適切なものが選べていたらそれでOK。実際の英語運用時でも「これでも良いし、あれでも良いよね」ということはあり得ます。

1. A: Who's the man _____ the broken leg? Is that the friend you are planning to introduce to me?

2. B: Yes. He is Satoru, a man _____ his word. He never breaks his promises. Satoru is literally _____ everyone else around him. He is the best. There are so many good things _____ him. Everyone loves him.

3. A: He sounds _____ a great person. I can't wait to meet him.

⑨ 受け取り手

for

受け取り手が得る利益を示す

受け取り手が得る効果を示す

on

熟語的用法（特定の単語と共に）

to

何かが受け取り手に移動することを示す

受け取り手が得る効果を示す：有益さ、有害さ、危害、有用さ、不利さ

受け取り手の感情を示す（特定の単語と共に）

---

for と to の違い

for は出発点に焦点があり、到達までの経路はぼやけています。
逆に、to は到達点に焦点があり、そこに行くまで一直線に進んでいくイメージがあります。

これは、for と to を「受け取り手」の概念のために使う時も同じです。
ここで様々な文章に触れる時も、これらのイメージをシッカリと思い浮かべるようにしてください。

前置詞が「受け取り手」の概念と共に使われるケースの例文をみていきましょう。

for 意識の向いている方向や指さし方向

＊受け取り手が得る利益を示す

例：Her advice **for** Mary was spot-on.

　　彼女の、マリーへのアドヴァイスは完全に的を射ていた。

＊受け取り手が得る効果を示す

例：Smoking is bad **for** your body.

　　喫煙は身体に悪い。

on 圧力を感じるような接触

＊熟語的用法（特定の単語と共に）

have pity **on**：〜を哀れに思う、〜に同情する

例：I have pity **on** that girl because
I know she lost her family in a disaster.

　　あの少女が家族を災害で失ったと知っているから、
　　私は彼女を哀れに思う。

pull a gun **on**：〜に銃を向ける

例：The thief pulled a gun **on** the frightened bank workers.

　　窃盗犯は、怯えている銀行職員に銃を向けた。

to 到達点まで一直線に向かう矢印 （→）

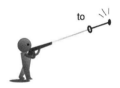

＊何かが受け取り手に移動することを示す

例：Austin made a toast **to** the newlyweds at the wedding reception.

オースティンは結婚披露宴で新婚夫婦に乾杯した。

＊受け取り手が得る効果を示す：有益さ、有害さ、危害、有用さ、不利さ

例：Her experience as an intern at the corporation was beneficial **to** her.

その企業での、インターン生としての彼女の経験は、彼女にとって有益だった。

＊受け取り手の感情を示す（特定の単語と共に）

例：The loud music from the next-door neighbor was disturbing **to** us.

隣りに住む人たちからの大音量の音楽は、私たちにとって嫌悪感を抱かせるものだった。

練習問題1　各前置詞のイメージと正しい日本語訳を思い浮かべながら文章を読みましょう。

ポイント：英文を読みながら各前置詞のイメージを思い起こせますか？
その練習をするつもりで読み進めていってください。必要であればメモを書き込んでも OK です。

My brother created a world **for** me in Minecraft. When his in-game character handed a set of the strongest armor **to** mine, I gasped. His doing that for me was so precious **to** me. I think he took pity **on** me because my character had fallen from a high place, died, and lost all their belongings. I did not want to make those gaming hours less valuable **to** me, so his actions were very helpful **for** me.

練習問題 2　練習問題 1 の文と類似のものが用意されています。指定の前置詞を
　　　　　空欄に入れ、たくさんの英文に触れましょう。

ポイント：既存の文章の一部を変えるだけで異なる文を作ることができます。
自己学習では、様々な参考書などにお手本として書かれている英文
の一部を変え、自分の生活に合った内容の文にしていくのがお薦め
です。これは英会話教室でもおこなわれる練習法。お手本の英文の
一部を変え、どんどん自分ならではの英文にカスタマイズしていく
練習をしましょう。

1. Text: "My brother created a world **for** me in Minecraft."
   My brother created bath bombs ＿＿＿＿＿＿ me.
   I wrote the most romantic poem ＿＿＿＿＿＿ my husband.

2. Text: "When his in-game character handed a set of the strongest
   armors **to** mine, I gasped."
   He handed copy paper ＿＿＿＿＿＿ me.
   My boss passed the book ＿＿＿＿＿＿＿ me during the
   meeting.

3. Text: "His doing that for me was so precious **to** me."
   Your words are so precious ＿＿＿＿＿＿ me.
   Completing the complex task was satisfying ＿＿＿＿＿＿ me.

4. Text: "I think he took pity **on** me because my character had fallen
   from a high place, died, and lost all their belongings."
   My father took pity ＿＿＿＿＿＿ me because I lost my
   treasures.
   Our teacher had mercy ＿＿＿＿＿＿ us and let us have a
   longer recess.

5. Text: "I did not want to make those gaming hours less valuable to me,"
   Her advice has always been incredibly valuable _____ me.
   The loud noise from the construction site has been particularly harmful _____ my brother's well-being.

6. Text: "so his actions were very helpful **for** me."
   Sully was very helpful _____ us all.
   Some instructional videos on YouTube are very useful _____ anyone.

練習問題 3　空欄に適する前置詞を入れましょう。

ポイント : 英文と日本語のヒントを見て、どの前置詞を使えば良いのかを判断しましょう。複数の前置詞が当てはまる文もありますが、ここでは指定条件に合うものを選ぶようにしてください。

1. That negotiation was very crucial _____ our team.
   （受け取り手の感情を示す（特定の単語と共に））

2. We are honored to have designed your company logo _____ you.（受け取り手が得る利益を示す）

3. The villain pulled a gun _____ the main character.
   （熟語的用法（特定の単語と共に））

4. Your dedication _____ your work has been obvious to everyone on your team.（何かが受け取り手に移動することを示す）

5. It is unacceptable _____ the students to be late for school.
   （受け取り手が得る効果を示す、f で始まる単語で）

6. Certain foods including onions, garlic and chives are harmful

    _____ dogs. (受け取り手が得る効果を示す：有益さ、有害さ、危害、有用さ、不利さ)

練習問題 4　空欄に適する前置詞を入れましょう。

ポイント：ここでは一切日本語を介入させません。英文を読み、どの前置詞を
　　　　使うべきか考えましょう。答えは一つではないかもしれませんが、
　　　　適切なものが選べていたらそれで OK。実際の英語運用時でも「これ
　　　　でも良いし、あれでも良いよね」ということはあり得ます。

1. Asher taught me how to invest in stock. He gave me some start-up money, which was a birthday gift _____ me.

2. Asher lives far so he wrote an email _____ me. The email included some tips on buying and selling stocks.

3. By following his tips and staying patient, I had doubled my money in a year.
   The sudden financial success was overwhelming _____ me. I felt like I won at life.

4. However, I started asking for some advice from Eliana, which was unfavorable _____ me and my situation in stock.

5. That made everything confusing _____ me, and I ended up losing three fourth of my money on stock.

6. I felt like I had a gun pulled _____ me. Asher had pity _____ me, and told me to not trust everything I hear.

⑩ 衣類

(dressed) in

包まれている感がある洋服、全体の印象をイメージ

with ... on

衣類を身に着けている（オマケの情報として）

have ... on

衣類を身に着けている（メインの情報として）

前置詞が「衣類」の概念と共に使われるケースの例文をみていきましょう。

（dressed）in 　立方的な物に入っているような感じ

＊包まれている感がある洋服、全体の印象をイメージ

例：Jayden is **dressed** in gray.

ジェイデンはグレーの洋服を着ている。

in gray

with ... on 　空間共有・双方向性、圧力を感じるような接触

＊衣類を身に着けている（オマケの情報として）

例：Billy is the man **with** the gray jacket **on**.

ビリーはグレーの上着を着ている男性だ。

have ... on 　have ＋圧力を感じるような接触

＊衣類を身に着けている（メインの情報として）

例：Claire **has** a white dress **on**.

クレアは白いドレスを着ている。

ポイント: 英文を読みながら各前置詞のイメージを思い起こせますか？
その練習をするつもりで読み進めてください。必要であればメモを
書き込んでも OK です。

> A: Is your friend **in** jeans?
> B: No, he is the one **with** the black shorts **on**.
> A: Oh! The one who **has** a green t-shirt **on**?

**練習問題 2　練習問題 1 の文と類似のものが用意されています。指定の前置詞を
空欄に入れ、たくさんの英文に触れましょう。**

ポイント: 既存の文章の一部を変えるだけで異なる文を作ることができます。
自己学習では、様々な参考書などにお手本として書かれている英文
の一部を変え、自分の生活に合った内容の文にしていくのがお薦め
です。これは英会話教室でもおこなわれる練習法。お手本の英文の
一部を変え、どんどん自分ならではの英文にカスタマイズしていく
練習をしましょう。

1.　Text: "Is your friend **in** jeans?"
　　　Is your sister ＿＿＿＿＿＿ red?
　　　"Which one is your dad?" "He's the one ＿＿＿＿＿＿ the blue
　　　hat."

2.　Text: "No, he is the one **with** the black shorts **on**."
　　　He is the man ＿＿＿＿＿＿ the blue jacket ＿＿＿＿＿＿.
　　　The man ＿＿＿＿＿＿ a black hat ＿＿＿＿＿＿ is my brother.

3. Text: "The one who **has** a green t-shirt **on**?"
    I see a man who _____ jeans _____.
    The gentleman _____ a gray suit _____ last night.

練習問題 3　空欄に適する前置詞を入れましょう。

ポイント：英文と日本語のヒントを見て、どの前置詞を使えば良いのかを判断
しましょう。複数の前置詞が当てはまる文もありますが、ここでは
指定条件に合うものを選ぶようにしてください。

1. The preschoolers are always _____ their uniforms. （包まれてい
    る感がある洋服、全体の印象をイメージ）

2. My cousins are the ones _____ the Giants hats _____.
    （衣類を身に着けている（オマケの情報として））

3. The girl _____ the pink dress _____ and looked very
    pretty. （衣類を身に着けている（メインの情報として））

4. I _____ a striped skirt _____ last Friday. （衣類を身に着け
    ている（メインの情報として））

5. The students who were _____ _____ professional
    suits gave a wonderful presentation last night. （包まれている感がある洋
    服、全体の印象をイメージ）

6. Did you see the guy _____ the big glasses _____? （身に
    着けている（オマケの情報として））

ポイント：ここでは一切日本語を介入させません。英文を読み、どの前置詞を使うべきか考えましょう。答えは一つではないかもしれませんが、適切なものが選べていたらそれで OK。実際の英語運用時でも「これでも良いし、あれでも良いよね」ということはあり得ます。

1. Can you find Waldo? He is a man _____ a red and white striped tee _____.

2. He is usually _____ _____ jeans.

3. He also _____ a red and white striped beanie _____.

⑪ トピック

about

周囲の情報をも網羅

at

「これ!」という指定感

in

そのトピックの中に入り込んでいる感じ

of

抜き出したような断片知識 (より具体的)

on

専門性が強い

over

時間をかけて議論をするイメージ

前置詞が「トピック」の概念と共に使われるケースの例文をみていきましょう。

about 周辺

＊周囲の情報をも網羅

例：Jaxon advised me **about** my work schedule.

ジャクソンは、私に仕事のスケジュールについてアドバイス
をした。

at 全体を見渡して「今、ここ！」と指さすイメージ

＊「これ！」という指定感

例：He excels **at** mathematics, consistently
achieving top grades in his class.

彼は数学が得意で、クラスで常にトップの成績を
収めています。

in 立体的な物に入っているような感じ

＊そのトピックに入り込んでいる感じ

例：I specialize **in** European history,
particularly the medieval period.

私はヨーロッパの歴史を専門としていて、
特に中世の時代に詳しいです。

# of 分離、帰属

＊抜き出したような断片知識（より具体的）

例：I think **of** you every night.

あなたのことを毎晩考えている。

on 圧力を感じるような接触

＊専門性が強い

例：The journalist wrote an insightful article **on** renewable energy trends.

そのジャーナリストは、<u>再生可能エネルギーの動向に関する</u>洞察に満ちた記事を書いた。

over アーチ状の覆い

＊時間をかけて議論をするイメージ

例：My wife and I argued **over** money.

妻と私は<u>お金を巡って</u>言い争った。

練習問題 1　各前置詞のイメージと正しい日本語訳を思い浮かべながら文章を読みましょう。

ポイント：英文を読みながら各前置詞のイメージを思い起こせますか？

その練習をするつもりで読み進めてください。必要であればメモを書き込んでも OK です。

My father always worries **over** little things. I never understood why something small bothers him so much when it doesn't bother anyone else. So, I decided to aim my investigation **at** understanding the psychological mechanisms behind his traits. I know nothing **of** psychology, but my friend who majored **in** psychology in college will take me to a small seminar. The seminar will focus **on** Generalized Anxiety Disorder. I am hoping to learn **about** the possible causes of excessive worrying.

ポイント: 既存の文章の一部を変えるだけで異なる文を作ることができます。
自己学習では、様々な参考書などにお手本として書かれている英文
の一部を変え、自分の生活に合った内容の文にしていくのがお薦め
です。これは英会話教室でもおこなわれる練習法。お手本の英文の
一部を変え、どんどん自分ならではの英文にカスタマイズしていく
練習をしましょう。

1.　Text: "My father always worries **over** little things."
　　My mother always worries _____ things she can't
　　change.
　　My brother and I used to fight _____ candies and toys.

2.　Text: "So, I decided to aim my investigation **at** understanding the
　　psychological mechanisms behind his traits."
　　We took a closer look _____ the impact of climate
　　change on marine ecosystems.
　　The documentary provided an in-depth look _____
　　the history of space exploration.

3.　Text: "I know nothing **of** psychology,"
　　She knows nothing _____ acupuncture.
　　The book offers an analysis _____ the impact of social
　　media communication.

4.　Text: "but my friend who majored **in** psychology in college will
　　take me to a small seminar."
　　I major _____ biology.
　　The professor lectured _____ quantum physics for the
　　advanced class.

5. Text: "The seminar will focus **on** Generalized Anxiety Disorder."
   The seminar will focus _____ sustainable urban planning.
   Her presentation was _____ the advancements in artificial intelligence.

6. Text: "I am hoping to learn **about** the possible causes of excessive worrying."
   I am hoping to learn _____ dog behaviors and the reasons behind them.
   My neighbor always complains _____ dog owners who don't pick up after their pets.

練習問題 3　空欄に適する前置詞を入れましょう。

ポイント: 英文と日本語のヒントを見て、どの前置詞を使えば良いのかを判断
しましょう。複数の前置詞が当てはまる文もありますが、ここでは
指定条件に合うものを選ぶようにしてください。

1. Experts cannot agree _____ the possible causes of domestic violence. (専門性が強い)

2. Before we went to Key West, we were steeped _____ the work of Ernest Hemingway. (そのトピックの中に入り込んでいる感じ)

3. The seminar provided an insightful look _____ the challenges of renewable energy adoption. (「これ！」という指定感)

4. I am dreaming _____ my vacation on a cruise ship. (抜き出したような断片知識（より具体的))

5. My uncle was a musician, so he taught me a lot _____ music. (周囲の情報をも網羅)

6. We can't change the past, so try not to sigh _____ past events.（時間をかけて議論をするイメージ）

練習問題 4　空欄に適する前置詞を入れましょう。

ポイント：ここでは一切日本語を介入させません。英文を読み、どの前置詞を使うべきか考えましょう。答えは一つではないかもしれませんが、適切なものが選べていたらそれで OK。実際の英語運用時でも「これでも良いし、あれでも良いよね」ということはあり得ます。

1. I have a quick question _____ a campfire defender blanket.

2. My wife is interested _____ that product, and she has been trying to convince me that we should buy one.

3. My wife and I agree _____ one thing: we want nice, hot coals in the morning.

4. I've heard _____ numerous positive reviews regarding the item.

5. However, the concern _____ leaving a campfire blanketed overnight looms due to potential disaster risks.

6. In the worst-case scenario, we wouldn't be laughing _____ that. Is the blanket truly safe?

12 状態

at

今の状態（今、ここ!感）

under

今の状態（覆われている感）

in

その状態にすっぽりと入り込んでいるイメージ

然るべき、所定の

on

特定の状態に乗っかっている感

従事している感

out of

不在状態

前置詞が「状態」の概念と共に使われるケースの例文をみていきましょう。

at 　全体を見渡して「今、ここ!」と指さすイメージ

＊今の状態（今、ここ！感）

例：Those two countries are currently **at** war.

その二つの国は、現在、戦時中だ。

under 　広がりのある物の「下」

＊今の状態（覆われている感）

例：Your application is **under** consideration.
We will get back to you when it's ready.

あなたの出願書は今、検討中です。何か決まったら連絡をします。

in 　立体的な物に入っているような感じ

＊その状態にすっぽりと入り込んでいるイメージ

例：Josephine is **in** a hurry because she slept
in this morning.

ジョセフィンは、今朝、寝坊をしたから急いでいる。

＊然るべき、所定の

例：You're **in** shape! Are you working out regularly?

あなた、健康的ね！ 定期的に運動をしているの？
※然るべき健康状態に在る、ということ。

on 　圧力を感じるような接触

＊特定の状態に乗っかっている感

例：She is **on** leave from work for two weeks.

彼女は 2 週間仕事を休んでいます。

＊従事している感

　例：I heard any panda you see outside of China is **on** loan.

　　中国以外で見かけるパンダは、どれも中国から<u>貸し出されている</u>と聞いた。

out of 〜の中から外へ

＊不在状態

　例：I'm very rusty; I am **out of** practice.

　　すごく動きがなまっている。<u>練習不足</u>だ。

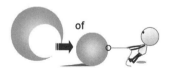

練習問題 1　各前置詞のイメージと正しい日本語訳を思い浮かべながら文章を読みましょう。

ポイント：英文を読みながら各前置詞のイメージを思い起こせますか？
　　　　　その練習をするつもりで読み進めてください。必要であればメモを
　　　　　書き込んでも OK です。

A: Is Emma still **at** the helm of the project?

B: No, she is **on** vacation. Her office is **under** construction, so it's perfect timing.

A: Oh, that's right. She said her office bathroom had a serious defect.

B: Yeah, the bathroom pipe exploded when she was **on** duty. Plus, she just found out that all the walls in her office need to be replaced. She was **in** despair.

A: It sounds like she has had some bad luck... But I hope she will get **out of** the woods and be **in** high spirits before summer.

ポイント: 既存の文章の一部を変えるだけで異なる文を作ることができます。自己学習では、様々な参考書などにお手本として書かれている英文の一部を変え、自分の生活に合った内容の文にしていくのがお薦めです。これは英会話教室でもおこなわれる練習法。お手本の英文の一部を変え、どんどん自分ならではの英文にカスタマイズしていく練習をしましょう。

1.　Text: "Is Emma still **at** the helm of the project?"
　　After the long hike, the dog was finally _____ rest in his bed.
　　Is John still _____ peace with his decision to move abroad?

2.　Text: "No, she is **on** vacation."
　　I am here _____ vacation.
　　My teacher is _____ maternity leave.

3.　Text: "Her office is **under** construction, so it's perfect timing."
　　The building has been _____ construction for a year already.
　　The murder case is _____ investigation.

4.　Text: "Yeah, the bathroom pipe exploded when she was **on** duty."
　　My father was _____ duty when I arrived at his office.
　　Dr. Hsu is _____ call this weekend.

5.　Text: "She was **in** despair."
　　She gave up _____ despair.
　　She is _____ love with her boyfriend.

6. Text: "But I hope she will get **out of** the woods and be in high
    spirits before summer."
    I am _____ luck. Nothing goes well for me today.
    The drought is severe; the village has been _____ water
    for a week now.

7. Text: "But I hope she will get out of the woods and be **in** high
    spirits before summer."
    He is _____ good spirits after receiving the positive
    news.
    Make sure you are _____ top condition for your game
    day.

練習問題 3　空欄に適する前置詞を入れましょう。

ポイント: 英文と日本語のヒントを見て、どの前置詞を使えば良いのかを判断
しましょう。複数の前置詞が当てはまる文もありますが、ここでは
指定条件に合うものを選ぶようにしてください。

1. Grace kept losing at poker. She was _____ luck. （不在状態）

2. Don't forget to check their website. Many socks are _____
    sale now. （特定の状態に乗っかっている感）

3. Keep an eye on the guy in blue. He is _____ suspicion of
    selling illegal drugs. （今の状態（覆われている感））

4. My sister is _____ debt and has decided to file for
    bankruptcy. （その状態にすっぽりと入り込んでいるイメージ）

5. Do not discriminate against those who are _____ parole.
    They are trying to make a change in their lives. （従事している感）

6. Standing _____ attention, the boy looks like a military leader. (今の状態（今、ここ！感))

7. Look at that tennis player. She is _____ the zone. I think she will win this match. (然るべき、所定の)

練習問題 4　空欄に適する前置詞を入れましょう。

ポイント：ここでは一切日本語を介入させません。英文を読み、どの前置詞を使うべきか考えましょう。答えは一つではないかもしれませんが、適切なものが選べていたらそれで OK。実際の英語運用時でも「これでも良いし、あれでも良いよね」ということはあり得ます。

1. Hosting a charity for orphans is _____ consideration.

2. We all agreed that we would financially support orphans, but we are _____ conflict over which orphanage to support.

3. My people and I hoped to share the advantages of supporting Orphanage A with the other teams, but they were _____ edge, and we could not have a good, productive discussion.

4. In fact, we were _____ good ideas.

5. Also, it is just too uncomfortable to share our thoughts with those teams. I can't help feeling like I am _____ trial or something.

6. I wish we could discuss our honest opinions _____ a level of comfort.

7. Now that the director is _____ power, his opinion will count the most after all. So, he will just choose which orphanage to support in the end.

⑬ 離別

from

起点から距離を取る

of

分離する（直接的な理由）

off

外す感

out of

～から脱する感

with

その離別を受け入れている感

前置詞が「離別」の概念と共に使われるケースの例文をみていきましょう。

from 矢印の起点

＊起点から距離を取る

例：I don't care what kind of car I drive as long as it takes me **from** point A to point B.

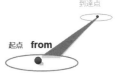

A地からB地まで運んでくれるなら、どんな車を運転するかはどうでも良い。

# of 分離、帰属

＊分離する（直接的な理由）

例：My wife died **of** cancer.

私の妻はガンが原因で死亡した。

off 非接触

＊外す感

例：Did you see how the chef chopped **off** the fish's head?

シェフが魚の頭をどう切り落としたか、見た？

out of ～外側へ＋帰属、分離

＊～から脱する感

例：Before mopping, make sure to squeeze water **out of** the mop.

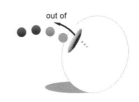

モップ掛けの前には、モップから水を絞り出すことを確認して。

※水がモップから脱している。

with 空間共有・双方向性

＊その離別を受け入れている感

例：It was hard, but I broke up **with** my girlfriend.

　　辛かったけど、彼女とは別れたんだ。

with　his hand

練習問題 1　各前置詞のイメージと正しい日本語訳を思い浮かべながら文章を読みましょう。

ポイント：英文を読みながら各前置詞のイメージを思い起こせますか？
その練習をするつもりで読み進めてください。必要であればメモを
書き込んでも OK です。

I cut ties **with** my difficult mother. Her constant abuse pushed
me further **out of** the relationship, draining my energy and spirit.
It was sad to break **off** our relationship, but I couldn't handle
it anymore. Now that I'm separated **from** her, I am free **of** the
obligation to be "a good daughter." Finally, I can be myself.

練習問題 2　**練習問題 1 の文と類似のものが用意されています。指定の前置詞を**
　　　　　　　空欄に入れ、たくさんの英文に触れましょう。

ポイント : 既存の文章の一部を変えるだけで異なる文を作ることができます。
　　　　　自己学習では、様々な参考書などにお手本として書かれている英文
　　　　　の一部を変え、自分の生活に合った内容の文にしていくのがお薦め
　　　　　です。これは英会話教室でもおこなわれる練習法。お手本の英文の
　　　　　一部を変え、どんどん自分ならではの英文にカスタマイズしていく
　　　　　練習をしましょう。

1.　Text: "I cut ties **with** my difficult mother."
　　I cut ties _____ my ex.
　　Liam has decided to cut ties _____ the organization
　　because their philosophy changed.

2.　Text: "Her constant abuse pushed me further **out of** the
　　relationship, draining my energy and spirit."
　　The continuous disagreements pushed him _____ the
　　partnership.
　　She gradually stepped _____ the toxic circle of friends,
　　finding peace in more supportive connections.

3.　Text: "It was sad to break **off** our relationship"
　　I needed to break _____ our relationship in the end.
　　Breaking _____ a bad habit isn't always easy.

4.　Text: "Now that I'm separated **from** her, I am free of the obligation
　　to be "a good daughter.""
　　The idea of being separated _____ my fiancé is torture.
　　COVID-19 patients must be separated _____ others.

5.   Text: "Now that I'm separated from her, I am free **of** the obligation to be "a good daughter.""
     After several treatments, she was finally free _____ the persistent infection.
     She believed that teachers should be relieved _____ responsibility for failing students.

練習問題 3　空欄に適する前置詞を入れていきましょう。

ポイント: 英文と日本語のヒントを見て、どの前置詞を使えば良いのかを判断しましょう。複数の前置詞が当てはまる文もありますが、ここでは指定条件に合うものを選ぶようにしてください。

1.   It is a tough decision, but I decided to split up _____ my business partner. (その離別を受け入れている感)

2.   Weston worked out so hard because he wanted to get rid _____ his belly fat. (分離する（直接的な理由）)

3.   Ariana wanted to move _____ the apartment because there were so many ants everywhere! (～から脱する感)

4.   Keep your child away _____ that music class; the teacher and staff aren't kind. (起点から距離を取る)

5.   Tear _____ the bottom part of this form, fill out the survey, and bring it to the main office. (外す感)

ポイント: ここでは一切日本語を介入させません。英文を読み、どの前置詞を使うべきか考えましょう。答えは一つではないかもしれませんが、適切なものが選べていたらそれで OK。実際の英語運用時でも「これでも良いし、あれでも良いよね」ということはあり得ます。

1. Hunter has been going through lots of separations this fall. First, he got kicked _____ his apartment because his neighbors filed complaints about his loud parties.

2. He will be living at his friend's house until he finds a new apartment. So, Hunter needed to send his favorite pet cat _____ to his parents' house.

3. At work, his boss was dissatisfied with how he managed his team. As a result, they relieved him _____ all his duties as a project leader without letting him complete the project and eventually parted ways _____ him.

4. Lastly, his girlfriend decided that she wanted to separate _____ him. What a tough fall it has been for Hunter.

14 気持ち

about

頭の中をぐるぐる回る感じ

at

感情の原因の対象

by   with

感情を引き起こした   感情を引き起こした
動作主（圧を感じる）   動作主（共存感）

for   to

気持ちが向かう方向   気持ちが向かう着点
（ぼんやり）

in

感情に入り込んでいる感

of

気持ちや思いの出どころ（帰属）

220

前置詞が「気持ち」の概念と共に使われるケースの例文をみていきましょう。

about 周辺

＊頭の中をぐるぐる回る感じ

例：I am crazy **about** the music band.

私はあのバンドに夢中だ。

at 全体を見渡して「今、ここ!」と指さすイメージ

＊感情の原因の対象

例：I could tell she was shocked **at** her grade.

彼女が成績にショックを受けていることがわかった。

by ちょっとした隔たりのある「そば」

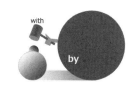

＊感情を引き起こした動作主（圧を感じる）

例：I am amazed **by** the quality of the service at the hotel.

そのホテルのサービスの質に驚かされた。

---

shocked at と shocked by の違い

shocked at はショックを受けた対象物にフォーカスが向いていますが（at で指さし感）、shocked by はショックを与えた動作主（by の後にくる人 / もの）にフォーカスが向いています。

---

with 空間共有・双方向性

*感情を引き起こした動作主（共存感）

例：Peter is annoyed **with** his boss.

ピーターは<u>上司</u>にイラついている。

---

annoyed with と annoyed at と annoyed by の違い

with は「空間共有・双方向性」のイメージなので空間共有をしているような人やものに対して使われることが多いです。「指さし感」を感じさせる at がある annoyed at は、annoying な対象や状況を指し示す感じとなります。annoyed by には by の「隔たり感」があるので、自分から少し物理的もしくは心理的距離のあるような人やものから被害を受ける感じがします。

---

for 意識の向いている方向や指さし方向

*気持ちが向かう方向（ぼんやり）

例：My mother was grateful **for** all the celebrations her colleagues held.

母は、同僚たちがしてくれた<u>すべてのお祝い</u>を有難く思っていた。

to 到達点まで一直線に向かう矢印（→）

*気持ちが向かう着点

例：My mother was thankful **to** her colleagues for organizing all the celebrations.

母は、すべてのお祝いをしてくれた<u>同僚たちに</u>感謝していた。

in 立体的な物に入っているような感じ

＊感情に入り込んでいる感

例：Gerald is interested **in** cooking.

ジェラルドは料理に興味がある。

# of 分離、帰属

＊気持ちや思いの出どころ（帰属）

例：I am proud **of** my son for his academic achievements.

息子の学業成績を誇りに思っている。

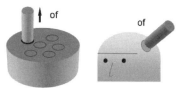

練習問題 1　各前置詞のイメージと正しい日本語訳を思い浮かべながら文章を読みましょう。

ポイント：英文を読みながら各前置詞のイメージを思い起こせるか？

その練習をするつもりで読み進めてください。必要であればメモを書き込んでも OK です。

Kyle was happy **with** his marketing plan. As he started writing the plan, he felt secure **in** his ability to persuade readers with his data. He was astounded **at** the clarity of his mission statement. A good mission statement elucidates the business goal and philosophies. Struggling **to** articulate his thoughts verbally, he was initially worried **about** creating a compelling mission statement. He had always been envious **of** those who conveyed their mission statements effortlessly. The process frustrated him **by** highlighting his writing difficulties. Nevertheless, here it is: his complete marketing plan, including a mission statement that makes him feel ready **for** the next phase.

ポイント：既存の文章の一部を変えるだけで異なる文を作ることができます。
自己学習では、様々な参考書などにお手本として書かれている英文
の一部を変え、自分の生活に合った内容の文にしていくのがお薦め
です。これは英会話教室でもおこなわれる練習法。お手本の英文の
一部を変え、どんどん自分ならではの英文にカスタマイズしていく
練習をしましょう。

1. Text: "Kyle was happy **with** his marketing plan."
   I hope my clients are happy ＿＿＿＿＿＿ this arrangement.
   I was so disappointed to hear that they were unhappy
   ＿＿＿＿＿＿ this arrangement.

2. Text: "As he started writing the plan, he felt secure **in** his ability to
   persuade readers with his data."
   He remained calm and focused, secure ＿＿＿＿＿＿
   the knowledge that his team was well-prepared for the
   challenge ahead.
   She felt confident ＿＿＿＿＿＿ her presentation skills as she
   prepared for the big meeting.

3. Text: "He was astounded **at** the clarity of his mission statement."
   I was astonished ＿＿＿＿＿＿ how tall the boy became in
   two years.
   I was thrilled ＿＿＿＿＿＿ the news that my younger brother
   is getting married soon.

4. Text: "Struggling **to** articulate his thoughts verbally, he was initially worried about creating a compelling mission statement."
   Struggling _____ understand the advanced concepts, he felt frustrated with his slow progress in the course.
   Excited _____ see her long-distance friend, she eagerly counted down the days to their reunion.

5. Text: "Struggling to articulate his thoughts verbally, he was initially worried **about** creating a compelling mission statement."
   I am worried _____ our future. Do you think we will be able to make a happy family together?
   Don't be so pessimistic _____ everything. I know we will be okay.

6. Text: "He had always been envious **of** those who conveyed their mission statements effortlessly."
   I am always envious _____ my sister, who does everything better than I do.
   Keith said he was scared _____ the darkness in the old tunnel.

7. Text: "The process frustrated him **by** highlighting his writing difficulties."
   I got frustrated _____ the little girl who kept asking me irrelevant questions.
   Andrea was fascinated _____ Terry's magnificent art piece.

8. Text: "Nevertheless, here it is: his complete marketing plan, including a mission statement that makes him feel ready **for** the next phase."

The samurais were well-armed and prepared _____ the battle.

People felt sorry _____ the widows in the village.

練習問題 3　空欄に適する前置詞を入れましょう。

ポイント: 英文と日本語のヒントを見て、どの前置詞を使えば良いのかを判断しましょう。複数の前置詞が当てはまる文もありますが、ここでは指定条件に合うものを選ぶようにしてください。

1. Alison became very anxious _____ the situation.（頭の中をぐるぐる回る感じ）

2. I feel well prepared _____ my presentation!（気持ちが向かう方向（ぼんやり））

3. What are you interested _____?（感情に入り込んでいる感）

4. I am always astonished _____ his creativity.（感情の原因の対象）

5. We are fully committed _____ starting a family.（気持ちが向かう着点）

6. I have never been to Mexico but I am fond _____ their culture（気持ちや思いの出どころ（帰属））

7. Some of us are deeply impressed _____ hotel decorations.（感情を引き起こした動作主（共存感））

8. I was embarrassed _____ Claire... She did not need to say such a terrible thing in front of everyone!（感情を引き起こした動作主（圧を感じる））

ポイント: ここでは一切日本語を介入させません。英文を読み、どの前置詞を使うべきか考えましょう。答えは一つではないかもしれませんが、適切なものが選べていたらそれで OK。実際の英語運用時でも「これでも良いし、あれでも良いよね」ということはあり得ます。

1. I was very excited _____ going to see my best friend's new restaurant.

2. My sister was interested _____ checking it out so we went together.

3. I knew my best friend devoted herself _____ opening the restaurant, so I was sure _____ its success.

4. In fact, we were amazed not just _____ their foods but everything about the restaurant, including its location, the exterior and interior of the restaurant, and the service provided.

5. We were speechless _____ the quality of overall experience we got there.

6. I am grateful _____ having such a wonderful best friend. Once she sets a goal, she strives to accomplish it. And that was proved again on that night.

⑮ 行動

　ここでは各前置詞のイメージそのままが反映されていることが多いです。シンプルに各前置詞のイメージを感じ取っていきましょう。

of

一部分を抜き出した感

about

周辺情報

with

共存感（双方向性感）

to

（人に）直接響くもの

着点を意識

toward

意識が向いている方向

on

人に対する圧力感

一点集中のイメージ

at

視線を向けるイメージ

in

どっぷりと浸かっている感

前置詞が「行動」の概念と共に使われるケースの例文をみていきましょう。

# of 分離、帰属

＊一部分を抜き出したイメージ

例：That is selfish **of** you! You are not the center of the universe.

それってあなたの自分勝手なところだよ!
あなたを中心に世界が回っているわけではないんだから。

about 周辺

＊周辺情報

例：My professor was thoughtful **about** my late work. She understood my situation.

私の教授は、私が遅れて課題を提出したことに対して思いやりを見せてくれた。
私の状況を理解してくれた。

with 空間共有・双方向性

＊共存感（双方向性感）

例：I sympathized **with** my boyfriend who just lost his biological father.

実の父を亡くした彼氏に同情した。

to 到達点まで一直線に向かう矢印（→）

＊（人に）直接響くもの

例：How can you be so impolite **to** your in-laws?

　　なぜあなたはそんなに義理の家族に対して無礼になれるの？

＊着点を意識

例：I am sorry that it took me a while to reply **to** your email.

　　メールの返信に時間がかかってしまってごめんね。

toward 到達点まで一直線に

＊意識が向いている方向

例：Some hamsters are friendly **toward** humans.

　　一部のハムスターは人間に対して好意的だ。

on 圧力を感じるような接触

＊人に対する圧力感

例：The boy's father was too hard **on** him.

　　その少年の父親は、少年に対して厳しすぎた。

＊一点集中のイメージ

例：I need to work **on** my math homework.

　　私は算数の宿題をやらないといけない。

at 全体を見渡して「今、ここ!」と指さすイメージ

＊視線を向けるイメージ

例：The crowd hooted **at** the baseball player when he missed a hit.

　　群衆はヒットをミスした野球選手を野次った。

in 立体的な物に入っているような感じ

＊どっぷりと浸かっている感

例：Let's use our soft voice **in** public.

公共の場では、小さい声で話そう。

練習問題1　各前置詞のイメージと正しい日本語訳を思い浮かべながら文章を読みましょう。

ポイント: 英文を読みながら各前置詞のイメージを思い起こせるか？

その練習をするつもりで読み進めてください。必要であればメモを書き込んでも OK です。

Rylee is often careless **about** her words. Some kids in her class are unkind **to** her because of this. They become impatient **with** her, especially when she's at a loss for words. Some even laugh **at** her under the guise of being "friendly," and they seem to pick **on** her. Such behaviors could put Rylee **in** distress, and it's ignorant **of** these kids. Everyone should be considerate **toward** one another. Moreover, I believe teachers need to pay more attention **to** student interactions and be stricter **on** those displaying inappropriate behavior.

ポイント: 既存の文章の一部を変えるだけで異なる文を作ることができます。
自己学習では、様々な参考書などにお手本として書かれている英文
の一部を変え、自分の生活に合った内容の文にしていくのがお薦め
です。これは英会話教室でもおこなわれる練習法。お手本の英文の
一部を変え、どんどん自分ならではの英文にカスタマイズしていく
練習をしましょう。

1. Text: "Rylee is often careless **about** her words."
   What makes Rylee careless _____ what she says?
   Cole was nice _____ us not being able to attend the
   party.

2. Text: "Some kids in her class are unkind **to** her because of this."
   How can you be unkind _____ her? She is the nicest
   person at school.
   My daughter-in-law is very polite _____ us.

3. Text: "They become impatient **with** her, especially when she's at a
   loss for words."
   The mother was impatient _____ her crying baby.
   Vivian knew the content of the box was fragile, so she was
   very careful _____ it.

4. Text: "Some even laugh **at** her under the guise of being "friendly,"
   and they seem to pick on her."
   Who is laughing _____ her?
   I trembled _____ the thought of the worst-case
   scenario.

5. Text: "Some even laugh at her under the guise of being "friendly," and they seem to pick **on** her."
   Stop picking _____ the little boy! That is very mean.
   The little boy is very naïve. Please go easy _____ him.

6. Text: "Such behaviors could put Rylee **in** distress, and it's ignorant of these kids."
   My hectic work schedule put me _____ distress.
   I prefer to talk with you _____ person.

7. Text: "Such behaviors could put Rylee in distress, and it's ignorant **of** these kids."
   Did you break a law? That is irresponsible _____ you!
   Ayla sent us a package. That is so sweet _____ her!

8. Text: "Everyone should be considerate **toward** one another."
   Xavier is always considerate _____ the poor.
   During the lecture, all eyes were directed _____ the professor as he unveiled the new theory.

9. Text: Moreover, I believe teachers need to pay more attention **to** student interactions and be stricter on those displaying inappropriate behavior.
   Let's pay attention _____ the teacher's instruction.
   Thank you very much for being so good _____ my disabled husband.

10. Text: Moreover, I believe teachers need to pay more attention to student interactions and be stricter **on** those displaying inappropriate behavior.
    I need to keep a tighter grip _____ my spending habits.
    The student needed to concentrate _____ his studies to achieve his goal of entering a prestigious university.

ポイント: 英文と日本語のヒントを見て、どの前置詞を使えば良いのかを判断
しましょう。複数の前置詞が当てはまる文もありますが、ここでは
指定条件に合うものを選ぶようにしてください。

1. I trust those who can be courteous _____ servers at a restaurant.（（人に）直接響くもの）

2. Evan bumped his pinky toe on the couch and could not say a word _____ pain.（どっぷりと浸かっている感）

3. Isabell is crazy _____ the K-pop band.（周辺情報）

4. Are you being honest _____ me? Don't you dare lie to me!（共存感（双方向性感））

5. Please go easy _____ me. I'm not that mentally strong.（人に対する圧力感）

6. My Japanese coworker only hints _____ what he wants to say and is never explicit.（視線を向けるイメージ）

7. If you object _____ a judge's order, you must file a motion to amend it.（着点を意識）

8. Willingness to stay with your friends over your family is typical _____ adolescence.（一部分を抜き出したイメージ）

9. I don't think Maria likes Jaxson anymore because she has been cool _____ him.（意識が向いている方向）

10. Let's concentrate _____ the assignment. Its due date is the day after tomorrow.（一点集中のイメージ）

ポイント：ここでは一切日本語を介入させません。英文を読み、どの前置詞を使うべきか考えましょう。答えは一つではないかもしれませんが、適切なものが選べていたらそれで OK。実際の英語運用時でも「これでも良いし、あれでも良いよね」ということはあり得ます。

1. Chase is a great leader who is forthcoming _____ anyone around him.

2. Some might think he is menacing _____ others.

3. In fact, he is tough _____ everyone.

4. He even puts some pressure _____ his team members. Yet, he does so because he hopes and believes that everyone will grow as a marketer.

5. Iris is a different type of leader, and more supportive. She always tries to understand more _____ the situations each team member faces.

6. She takes time to listen _____ her team members.

7. Last week, Cole forgot to go to an important meeting with a company client, and it was just irresponsible _____ him in my opinion.

8. However, she was trying to be helpful _____ him; she actually went to the client's office to apologize for Cole's mistake.

9. Both of them are great leaders who operate _____ an environment of trust.

10. I love seeing them rejoicing _____ their team members' success!

練習問題の答え

　1つの設問に対し、複数個の前置詞が書かれている場合はどれを使用しても OK だということです。自分の伝えたいイメージやニュアンスに合わせて使う前置詞を選択していくようにしてください。

【1. 時間】

練習問題 1

　答えは特になし。

練習問題 2

　お手本にある前置詞をそのまま使えば良い。

練習問題 3

1. out of	2. during	3. on
4. by	5. past	6. in
7. since	8. throughout	9. at about, at around
10. before	11. at about, at around	12. of, to
13. for	14. ahead of	15. with
16. after	17. at	18. through
19. Between	20. within	21. Until
22. beyond	23. up	24. toward
25. of, to	26. behind	27. under
28. over	29. from	

練習問題 4

1. since	2-1. over	2-2. Before, In, Under, Within
3-1. From, Since	3-2. in, within	4-1. during
4-2. for, over	5. After	6. at about, at around

7-1. until

7-2. after, at, at about, at around, before, beyond, past, toward

8-1. before, by, during, in, toward　　8-2. during, in, over, within

9. ahead of, on, with, within

10-1. before, by　10-2. between　11-1. before

11-2. before, with　11-3. out of　　11-4. up, over　　11-5. of, to

| 11-6. in | 12-1. in | 12-2. in |
| 12-3. on | 12-4. at | 12-5. in |

【2. 位置】

練習問題 1
答えは特になし。

練習問題 2
お手本にある前置詞をそのまま使えば良い。

練習問題 3

1. in	2. on	3. with
4. far from	5. at	6. in, inside, within
7. at the bottom of	8. under	9. next to
10. throughout	11. about	12. off
13. around	14. upon	15. against
16. by	17. over	18. underneath
19. across	20. between	21. on top of
22. within	23. on the side of	24. ahead of
25. above	26. below	27. beside
28. beneath	29. out of	30. Beyond
31. near	32. outside of	33. at the top of
34. close to	35. behind	36. in front of
37. opposite	38. on the top of	39. among
40. across from	41. On the bottom of	

練習問題 4

| 1-1. at | 1-2. on | 1-3. in |
| 1-4. on | 1-5. in | |

2-1. close to, near   2-2. across from, in front of, opposite   2-3. by, on

3-1. far from   3-2. beyond, over

※ the hill がある場所によっては by や on top of などを使うことも可能です。自分のイメージに合う前置詞を選んでください。

4-1. around   4-2. inside, throughout   4-3. among

5. In, Inside

6-1. at, on   6-2. on   6-3. off

7-1. between   7-2. with

8-1. out of   8-2. outside

9-1. above   9-2. below, beneath, under

10-1. across from, beside, next to   10-2. in front of

11. beneath, under

【3. 方向】

練習問題 1

答えは特になし。

練習問題 2

お手本にある前置詞をそのまま使えば良い。

練習問題 3

1. toward   2. down   3. off

4. onto   5. along   6. through

7. Across   8. into   9. to

10. away from   11. over   12. for

13. by   14. around   15. from

16. out of   17. past   18. in

練習問題 4

1. away from   2. out of   3-1. to

3-2. about, across, along, around   3-3. along, by, through

3-4. for   3-5. onto

4-1. along, down, through   4-2. in, into, to, toward

5-1. across, into, over, past, toward   5-2. into, through

5-3. around, over, past   5-4. for, toward

5-5. from, off   5-6. from   5-7. by, near, off, on, onto

5-8. in, into

【4. 数字】

答えは特になし。

練習問題 2

お手本にある前置詞をそのまま使えば良い。

練習問題 3

1. about, around	2. by	3. plus
4. from	5. above, over	6. about, around
7. under	8. into	9. above, over
10. between	11. of	

練習問題 4

1. by	2. plus	3. into
4. from	5. about, above, around, over	
6. about, around	7. of	8. under
9. between		

【5. 天気】

練習問題 1

答えは特になし。

練習問題 2

お手本にある前置詞をそのまま使えば良い。

練習問題 3

| 1. In | 2. On | 3. during |
| 4. during | 5. on | 6. in |

練習問題 4

| 1. on | 2. in | 3. during |

240

【6. 情報元】

練習問題 1

答えは特になし。

練習問題 2

お手本にある前置詞をそのまま使えば良い。

練習問題 3

1. on	2. in	3. on
4. from	5. from	6. in

練習問題 4

1. from	2. In	3. on
4-1. from	4-2. on	

【7. 所属】

練習問題 1

答えは特になし。

練習問題 2

お手本にある前置詞をそのまま使えば良い。

練習問題 3

1. of	2. of	3. of
4. on	5. in	6. on
7. of	8. in	

練習問題 4

1. in	2. on	3. of
4. of		

【8. 記述】

練習問題 1

答えは特になし。

練習問題 2

お手本にある前置詞をそのまま使えば良い。

練習問題 3

1. with	2. about	3. of
4. above	5. about	6. like
7. of	8. above	9. like
10. with		

練習問題 4

1. with	2-1. of	2-2. above
2-3. about	3. like	

【9. 受け取り手】

練習問題 1

答えは特になし。

練習問題 2

お手本にある前置詞をそのまま使えば良い。

練習問題 3

1. to	2. for	3. on
4. to	5. for	6. to

練習問題 4

1. for	2. to	3. for
4. to, for	5. to	
6-1. on	6-2. on	

【10. 衣類】

練習問題 1

答えは特になし。

練習問題 2

お手本にある前置詞をそのまま使えば良い。

練習問題 3

1. in	2. with ... on	3. had... on
4. had ... on	5. dressed in	6. with ... on

練習問題 4

1. with ... on	2. dressed in	3. has ... on

【11. トピック】

練習問題 1

答えは特になし。

練習問題 2

お手本にある前置詞をそのまま使えば良い。

練習問題 3

1. on	2. in	3. at
4. of	5. about	6. over

練習問題 4

1. about	2. in	3. on
4. about, of	5. about, over	6. about, at

【12. 状態】

練習問題 1

答えは特になし。

お手本にある前置詞をそのまま使えば良い。

練習問題 3

1. out of	2. on	3. under
4. in	5. on	6. at
7. in		

練習問題 4

1. under	2. in	3. on
4. out of	5. on	6. at
7. in		

【13. 離別】
練習問題 1

答えは特になし。

練習問題 2

お手本にある前置詞をそのまま使えば良い。

練習問題 3

| 1. with | 2. of | 3. out of |
| 4. from | 5. off | |

練習問題 4

| 1. out of | 2. off | |
| 3-1. of | 3-2. with | 4. from |

【14. 気持ち】
練習問題 1

答えは特になし。

練習問題 2

お手本にある前置詞をそのまま使えば良い。

練習問題 3

1. about	2. for	3. in
4. at	5. to	6. of
7. with	8. by	

練習問題 4

1. about, at	2. in	3-1. to, toward
3-2. of	4. at, by, with	5. about, at, by
6. for		

【15. 行動】

練習問題 1

答えは特になし。

練習問題 2

お手本にある前置詞をそのまま使えば良い。

練習問題 3

1. to	2. in	3. about
4. with	5. on	6. at
7. to	8. of	9. toward
10. on		

練習問題 4

1. to, with	2. to, toward	3. on
4. on	5. about	6. to
7. of	8. to	9. in
10. at, in		

第4部
色んなところにある
前置詞チェック

第4部では前置詞を含んだ様々な単語や熟語、文章をみていきます。前置詞は様々な形で使われますが、どんな時にどんな用法で使われても、基本的に各前置詞の運ぶイメージは変わりません。ですから、ここでも、第2部と第3部でみてきたように「各前置詞のイメージを意識しながら情景を思い描く」ということは継続してください。

　第4部では、以下のシーンで使われる前置詞をみていきます。
　　1：単語の中に入り込んでいる前置詞
　　2：句動詞の一部として使われる前置詞
　　3：前置詞を含むフレーズ

　それぞれのセクションには、今までと異なる角度から前置詞に触れ、各前置詞が運ぶイメージの理解を深めるためのワークが用意されています。「正解・不正解」がないようなワークですが、「何ができていればいいのか」を把握できるよう、第4部の最後（286ページ）に「練習問題の答え」と称したページを設けています。参考にしてください。

1：単語の中に入り込んでいる前置詞

　前置詞は、他の単語の一部とくっつき合成語となり、「名詞」「形容詞」そして「動詞」として使われることがあります。そうすることで、元の単語の意味よりも**詳しい情景を思い描きやすく**なります。

例：downtown（down ＋ town）

　ここでは
　①前置詞
　②①の前置詞が入り込んでいる単語やフレーズ
　③②の単語の意味
をご紹介します。

　単語の意味の下に空欄があるので、「この前置詞のイメージがこうだから、この単語の意味がこうなんだ」と考え、それを自分の言葉で書き込んでください。正解・不正解はありません。各前置詞のイメージを大事にしながら、各単語の意味を<u>自分なりに</u>把握していく練習としてください。ここでは、よく使われる合成語の中から前置詞を含むものをいくつかご紹介しますので、自己学習でも同じように「前置詞の運ぶイメージ」に意識を払いながら英単語に触れていってください。

1. about

about 周辺	thereabout そのあたり 例）あそこ（there）の周辺 （about）	whereabouts 行方、位置 例）どこ（where）の周辺 （about）
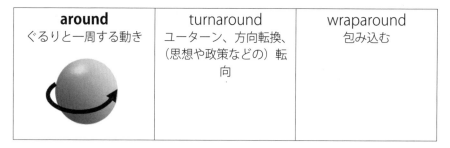		

2. after

after 何かの後ろ	afterglow 余韻、残光 例）glow（光）した後（after） の→余韻、残光	afterimage 残像
afterlife 来世、余生	afternoon 午後	aftershock 余震

3. around

around ぐるりと一周する動き	turnaround ユーターン、方向転換、 （思想や政策などの）転 向	wraparound 包み込む

4. by

by ちょっとした隔たりの ある「そば」	bygone 過去の、過ぎ去った	byline 筆者名を記す行
bypass 迂回道路	passerby 通行人	standby 待機する

5. down

down 下のほうへ	downbeat 下拍、指揮棒の振り 下ろし	downcast うつむいた、意気消沈 した
downcourt （バスケットボール等の） 反対側のコート	downgrade 格下げ、下り坂の	download ダウンロードする

downpour 土砂降り	downside 欠点、下部	downswing 振り下ろし、下降
downtime 休止時間、（機器、システム、サービス等の）停止	touchdown （飛行機、宇宙船が）着陸する、（アメフト）タッチダウン	turndown 折り下げた、折り畳みの

6. for

for 意識の向いている方向や指さし方向 	forecast 予報	forefinger 人さし指
foresight 先見の明	forever 永遠に	former 前者

for-profit 営利目的	forthcoming 来たるべき	forward 前方に、（スポーツ） フォワードの

7. in

in 立体的な物に 入っているような感じ 	in-class 教室内で、授業中に	incoming 入ってくる、後任の
in-person （映画やテレビ等ではな く）じかに、生で	input インプット、入力処理	the ins and outs 一部始終、裏と表

8. inside

inside 境界線の内側 	insider インサイダー、内部の人	the inside story 裏話

9. like

like 並べて明確に	lifelike 生きているような、真に迫った	likelihood 可能性
warlike 好戦的な、挑戦的な	wavelike 波のような、（波があるので）不均一な	wisplike 薄くて弱い

10. of

of 分離、帰属	out-of-pocket 自己負担の	out-of-the-way 道を外れて、並外れた

11. off

off 非接触	offbeat 風変わりな、奇異な	off-color 退色した、顔色の悪い

off-record オフレコで、非公開の	offshore 海外、沖から離れた	offshoot 横枝、派生物
off-the-cuff 即興の、ぶっつけ本番の	on-and-off 断続的な、腐れ縁	turnoff 栓をひねって止める

12. on

on 圧力を感じるような接触	ongoing 現在進行中の	online オンラインの、インターネット上の、接続中

13. out

out 外へ、表へ出てハッキリ	outbid （競売で）〜より 高い値段を付ける	outboard 船外の、翼端に 近いほうの

outbreak 勃発、突然の発生	outdo 今までになくよくやる、 〜に勝る	outlaw 無法者
outlive 〜より長生きする、 克服する	outnumber 数を上回っている	outpost 辺境の植民地、前哨基地
output 産出、出力	washout 流出、失敗者	wipeout 一掃、全滅

14. over

over アーチ状の覆い	overabundance 過剰	overbearing 高圧的な、圧倒的な

overcoat 上塗り、コート	overcome （相手を）圧倒する、打ち勝つ	overextended 限度を超えて拡大した
overflow 溢れる、こぼれる	overjoyed 大喜びして	overpaid 過払い
overturn 覆す、ひっくり返す	overview 概要、あらまし	overwhelm 圧倒する、閉口させる

15. through

through トンネルのような空間を通り抜けるイメージ 	breakthrough 突破、打開	throughway 途中で

16. under

under 広がりのある物の「下」	underachieve 予想よりも低い成績を 取る、未達成	underact 過小評価
underage 未成年者	underarm 脇の下	underbid （競売で）他者より 安く値を付ける
undercover 秘密におこなう	underdeveloped 発育不全の、未開発の	underdog 負けそうな人、敗北者
underestimate 過小評価	underfoot 足元に	underpinning 基盤

17. up

up 上のほうへ 	upbeat 上拍、弱拍、陽気な	upcoming 今後の、次回の
upend 直立させる、 逆さまにする	uphold 支持する、維持する	upload アップロードする
uproot 根こそぎ	upstart 成金の、成り上がりの	uptown 住宅地区、都心部から 離れているところ
backup 予備の、控えの	the ups and downs 上昇と下降、浮き沈み	up to something 〜を企んでいる

18. with

with 空間共有・双方向性	herewith これと共に、これにより	withhold 差し控える

2：句動詞の一部として使われる前置詞

　前置詞は、動詞と組み合わさって「句動詞」を作ることがあります。同じように副詞も、動詞と組み合わさって「句動詞」を作ることがあります。つまり言い換えると「句動詞」とは、前置詞や副詞が動詞と一緒になって新しい意味を持つものです。例えば look と after が「句動詞」として組み合わさった状態で使われると「世話をする」という意味になります。

　前置詞として使われていようとも、副詞として使われていようとも、句動詞の一部であろうとなかろうと、それぞれの単語が運ぶイメージに変わりはありません。ですので、ここでは品詞を意識しすぎるのではなく、あくまでも第1部でご紹介した各前置詞のイメージを思い出しながら英語に触れていくようにしてください。ちなみに「句動詞」は「イディオム（英語の熟語のようなもの）」とは異なるので気をつけましょう。

熟語、句動詞、イディオムの違い

句動詞：動詞＋前置詞、動詞＋副詞、動詞＋副詞＋前置詞、のどれかの形で構成されます。動詞として使われることが多く、まさに「行動の意味」を成します。動詞、前置詞、副詞のイメージから意味を推測できることがあります。
　例）look after：世話をする

イディオム（英語の熟語のようなもの）：複数の単語の配列で特定の意味を成します。慣用的に使い方が決まっていて、含まれる単語を見ただけでは意味を推測できないことがあります。比喩表現や類似表現から成り立つイディオムもあり、基本的に丸暗記をする必要があります。教材によっては句動詞を「イディオムの一部」とすることがあります。
　例）a piece of cake：とても簡単なこと

　本書では「実際に皆さんが前置詞を使えるようになる」ことを目標としています。そのため、ここでは通常の文法書のように「品詞」にフォーカスするのではなく、以下のようにグループ分けをし、実践に活かしやすい状態で句動詞内にある前置詞/副詞に触れていきましょう。

A. **必ず**動詞と前置詞（もしくは副詞）が**隣り同士**で使われるグループ

B. **必ず**動詞と前置詞（もしくは副詞）が**離れ離れ**で使われるグループ

C. 動詞と前置詞（もしくは副詞）が**隣り同士でも離れ離れでもいい**グループ

ちなみに、それぞれのグループの「句動詞の区分」は以下のようになります。

A. **必ず**動詞と前置詞（もしくは副詞）が**隣り同士**で使われるグループ

　　自動詞＋前置詞＋目的語

　　自動詞＋副詞＋前置詞＋目的語

B. **必ず**動詞と前置詞（もしくは副詞）が**離れ離れ**で使われるグループ

　　自動詞＋副詞

C. 動詞と前置詞（もしくは副詞）が**隣り同士でも離れ離れでもいい**グループ

　　他動詞＋副詞＋目的語（離れ離れだと：他動詞＋目的語＋副詞の順になる）

　ここにある「副詞」というのは、本書第1部でご紹介した前置詞が「副詞」として使われているということです。既に皆さんにとって「馴染みのある単語」になっていると思うのでご安心ください。

　また、ここまでの文法知識がなくとも高いレベルで英語を運用していくことは可能です。ただ、人によってはこうした文法知識をヒントにすることで、より英語運用の精度を高めていくことができるので「自分はどうかな？」「自分は、どのくらいまでシッカリと英文法を学んだ方が良さそうかな？」と考え、その加減を決めてください。シッカリとした文法知識が必要だとしてもそうでないとしても、「実際に英語を使う練習」はたくさん必要です。

A. **必ず**動詞と前置詞（もしくは副詞）が**隣り同士**で使われるグループ

例：She is **asking for** information.

She does not **ask for** information.

Which information is she **asking for**?

Why is she **asking for** information?

I don't know why she is **asking for** information.

The information she is **asking for** is hidden by the government.

　ここでは各句動詞に使われている動詞の意味を調べ、紹介されている前置詞の
イメージと併せて「その句動詞」の意味を理解していきましょう。そして、その
句動詞を使った①肯定文、②否定文、③ Yes/No 疑問文、④ Wh- 疑問文を空いて
いる箇所に書き込み、最後には⑤その句動詞を使って自由に文を書いてください。

例：**add up**　合計する、計算が合う

add の意味	up
加える、足す、合計する	上のほうへ

肯定文：　　　　　I can **add up** these numbers.

否定文：　　　　　*I do not think I can add up these numbers.*

Yes/No 疑問文：　*Can you add up these numbers?*

Wh- 疑問文：　　*How can we add up these numbers?*

自由な文：　　　　*My savings add up quickly since I stopped getting coffee outside.*

add up to　合計～になる、結局～ということになる

add の意味	up 上のほうへ	to 到達点まで 一直線に向 かう矢印

肯定文：　　　The numbers **add up** to 180.

否定文：　　　_____

Yes/No 疑問文：_____

Wh- 疑問文：　_____

自由な文：　　_____

beg off　言い訳して断る（免れる）

beg の意味	off 非接触

肯定文：　　　Leo **begged off** visiting his uncle.

否定文：　　　_____

Yes/No 疑問文：_____

Wh- 疑問文：　_____

自由な文：　　_____

break into ～に押し入る、～に侵入する、～の邪魔をする

break の意味	into 立体的な物の中に 入り込む

肯定文： Someone **broke into** our office last night!

否定文： _____

Yes/No 疑問文： _____

Wh- 疑問文： _____

自由な文： _____

chip in カンパする、話に割り込む、賭けに加わる

chip の意味	in 立体的な物に入って いる感じ

肯定文： This year, Samuel **chipped in** the same amount as last year.

否定文： _____

Yes/No 疑問文： _____

Wh- 疑問文： _____

自由な文： _____

fed up with   〜にうんざりしている、〜はもうたくさんだ

fed の意味	up 上のほうへ	with 空間共有・双方向性

肯定文： _____

否定文： _____

Yes/No 疑問文： Are you **fed up with** the cold weather? _____

Wh- 疑問文： _____

自由な文： _____

get over   乗り越える、克服する、忘れる、進む、済ませる、飲み込む

get の意味	over アーチ状の覆い

肯定文： _____

否定文： _____

Yes/No 疑問文： _____

Wh- 疑問文： How long did it take for you to **get over** your father's death?

自由な文： _____

grow out of　〜から生じる、（子どもっぽい習慣から）脱する、
〜を着ることができなくなる（成長してサイズが合わなくなるため）

grow の意味	out　外へ、表へ出て、はっきり	of　分離、帰属

肯定文：　　　　Sammy will soon **grow out of** being a picky eater.

否定文：

Yes/No 疑問文：

Wh- 疑問文：

自由な文：

pass out　出ていく、意識を失う、配る、（士官学校等を）卒業する

pass の意味	out　外へ、表へ出て、ハッキリ

肯定文：

否定文：

Yes/No 疑問文：　Did the teacher **pass out** any handout today?

Wh- 疑問文：

自由な文：

take after　〜に似ている、〜を見習う、〜の後を追う

take の意味	after 何かの後ろ

肯定文： I was ordered to **take after** the main chef in the kitchen.

否定文：

Yes/No 疑問文：

Wh- 疑問文：

自由な文：

他にもこんな句動詞で、**必ず**動詞と前置詞（もしくは副詞）が**隣り同士で**使われます。それぞれの句動詞の意味を調べ、実際にこれらを使って英文を作ってみましょう。

act like, ask around, back off, break out into, break down, break up with, bump into, call on, calm down, care about, care for, cheer up, check into, check out, check out of, come across, come after, cut after, cut down on, count on, dipped into, drop in on, fall apart, fall back on, fall off, fall for, get along with, get in, get off, get on, get in with, get out with, get with, give in, give out, give up on, go for, go out with, go over, go through, go with, grow up, hang up on, hear from, hear of, keep at, keep off, log in, look after, look at, look down, look down upon, look for, look forward to, look into, look up to, look through, mix up with, pass away, pick at, pull through, put up with, run across, run away, run for, run into, run out of, run over, see through, show up, show through, shop around, sleep around, stand by, stand for, stick to, take after, take off, take out on, take up, throw up, turn up, wake up, warm up to, work out, etc.

例：Luke **asked** Michelle **out**.

Did Luke **ask** Michelle **out**?

Why did Luke **ask** her **out**?

I don't know why Luke **asked** Michelle **out**.

※この形では、本書で紹介している前置詞は「副詞」として使われます。ただ、わかりやすく「動
詞と前置詞（副詞）」という表記にしています。

※時々、同じ単語のペアでも隣り同士で使われことがあります。ただその場合は異なる意味になる
ので混同しないように気を付けてください。（例：「turn off」と「turn 人 off」は異なる意味）

　各句動詞の動詞の意味を調べ、紹介されている前置詞のイメージと併せて「その句動詞」の意味を理解していきましょう。そして、その句動詞を使った①肯定文、②否定文、③ Yes/No 疑問文、④ Wh- 疑問文の空いている箇所に適する文を書き込み、最後には⑤その句動詞を使って自由な文を書いてください。一文はお手本として書かれています。他の文を作る際の参考としてください。

例：## do X over　　上塗りする、改装する、やり直す、ひどい目にあわす

do	over
〜する、おこなう、果たす、遂行する	アーチ状の覆い 

肯定文：　　　　　　My project was not perfect. I need to **do** it **over**.

否定文：　　　　　　*I do not need to do my project over.*

Yes/No 疑問文：　*Do I need to do my project over?*

Wh- 疑問文：　　　*Who thinks that I need to do my project over?*

自由な文：　　　　*Do it over? Do you mean I need to work on my project again?*

drop X in 容器に X を入れる

drop の意味	in 立体的な物に 入っている感じ

肯定文： I can't join the potluck dinner but I'll **drop** my casserole **in** on the way to work.

否定文： _____

Yes/No 疑問文： _____

Wh- 疑問文： _____

自由な文： _____

get X off 取り去る

get の意味	off 非接触

肯定文： _____

否定文： _____

Yes/No 疑問文： Can you **get** these stickers **off**?

Wh- 疑問文： _____

自由な文： _____

have X over   ～を（家に）客として迎える

have の意味	over　アーチ状の覆い

肯定文：　　Thank you for **having** us **over**. We had so much fun.

否定文：

Yes/No 疑問文：

Wh- 疑問文：

自由な文：

let X down   ～を失望させる

let の意味	down　下のほうへ

肯定文：

否定文：　　Do not worry. You did not **let** her **down**.

Yes/No 疑問文：

Wh- 疑問文：

自由な文：

name X after 〜　〜の名前をとって X の名前として命名する

name の意味	after　何かの後ろ

肯定文：　　　　My wife and I **named** the baby **after** my grandmother.

否定文：

Yes/No 疑問文：

Wh- 疑問文：

自由な文：

pass X over　（昇進などで）X を考慮に入れない、除外する

pass の意味	over　アーチ状の覆い

肯定文：

否定文：

Yes/No 疑問文：

Wh- 疑問文：　Who decided to **pass** Bill **over** for promotion?

自由な文：

turn X around　Xの方向（向き）を変える

turn の意味	around　ぐるりと一周する動き

肯定文：　　Please **turn** your chair **around** so you can face us when you talk.

否定文：　　_____

Yes/No 疑問文：_____

Wh- 疑問文：_____

自由な文：　_____

turn X down　Xを拒否する、却下する

turn の意味	down　下のほうへ

肯定文：　　I was shocked when my professor **turned** my research proposal **down**.

否定文：　　_____

Yes/No 疑問文：_____

Wh- 疑問文：_____

自由な文：　_____

wear X out　Xを酷使する、Xを酷く疲れさせる

wear の意味	out　外へ、 表へ出て、 ハッキリ

肯定文：　　　My five children always **wear** me **out**.

否定文：

Yes/No 疑問文：

Wh- 疑問文：

自由な文：

他にもこんな句動詞で、**必ず**動詞と前置詞（もしくは副詞）が**離れ離れ**で使われます。それぞれの句動詞の意味を調べ、実際にこれらを使って英文を作ってみましょう。

call × back, drop × by, kick × around, kick × out, show × around, start × over, turn × off, etc.

C. 動詞と前置詞（もしくは副詞）が**隣り同士でも離れ離れでもいい**グループ

例：The teacher **crossed out** the mistake.

Why did the teacher **cross out** the mistake?

The teacher **crossed** the mistake **out**.

Why did the teacher **cross** the mistake **out**?

I did not expect that the teacher would **cross** it **out**.

※動詞と前置詞（もしくは副詞）が隣り同士で使われても離れ離れで使われても、意味は変わりません。
※目的語を代名詞にすると使えない構文も出てきます。気を付けてください。

例：OK → I don't know why he crossed out the mistake.

NG → I don't know why he crossed out it.

OK → I don't know why he crossed it out.

　各句動詞の動詞の意味を調べ、紹介されている前置詞のイメージと併せて「その句動詞」の意味を理解していきましょう。そして、その句動詞を使った①肯定文、②否定文、③ Yes/No 疑問文、④ Wh- 疑問文を書き込み、最後には⑤その句動詞を使って自由に文を書いてください。一文はお手本として書かれています。他の文を作る際の参考としてください。

例：blow out　吹き消す、…を外に吹き飛ばす、爆破する

blow の意味	out　外へ、表に出てハッキリ

肯定文：　　　　Make a wish and **blow out** the candles!

否定文：　　　　*The toddler did not blow out the candles on the cake.*

Yes/No 疑問文：*Would you like to blow out the candles?*

Wh- 疑問文：　*Who wants to volunteer to blow the candles out?*

自由な文：　　*Austin was looking forward to blowing out the candles on his birthday.*

break down 破損する、崩壊する、衰弱する

break の意味	down 下のほうへ

肯定文：_____

否定文：_____

Yes/No 疑問文： Did they **break down** the door? Or, did you **break** it **down**?

Wh- 疑問文：_____

自由な文：_____

cheer up 励ます、元気づける

cheer の意味	up 上のほうへ

肯定文： Let's go **cheer up** your little sister.

否定文：_____

Yes/No 疑問文：_____

Wh- 疑問文：_____

自由な文：_____

figure out   …を理解する、…を解決する、計算する

figure の意味	out 外へ、 表に出て ハッキリ

肯定文：   Jesper successfully **figured out** what was wrong with the plan.

否定文：　_____

Yes/No 疑問文：_____

Wh- 疑問文：_____

自由な文：_____

fill in   …で埋める、…で満たす、（人に）詳しく説明する

fill の意味	in 立体的な物に 入っているような感じ

肯定文：   Let me **fill** you **in** on what happened at this year's expo.

否定文：　_____

Yes/No 疑問文：_____

Wh- 疑問文：_____

自由な文：_____

get across …へ渡る、…へ横切る、(意味などが)通じる・理解される、向こうへ運ぶ

get の意味	across　平面を横切る

肯定文：

否定文：　　　 I do not think I **got** my message **across** to her.

Yes/No 疑問文：

Wh- 疑問文：

自由な文：

give out 　配布する、…を発表する

give の意味	out　外へ、　表に出て ハッキリ

肯定文：　　　 As a promotional product, the company **gave out** their special drinkware.

否定文：

Yes/No 疑問文：

Wh- 疑問文：

自由な文：

leave out …を省く、除外する、忘れる

leave の意味	out　外へ、　表に出て ハッキリ

肯定文：　_____

否定文：　We did not **leave** David **out**. He did not want to join us.

Yes/No 疑問文：　_____

Wh- 疑問文：　_____

自由な文：　_____

tear down　取り壊す、破壊する

tear の意味	down　下のほうへ

肯定文：　_____

否定文：　_____

Yes/No 疑問文：　_____

Wh- 疑問文：　Who is responsible for **tearing down** all the carnival booths?

自由な文：　_____

write up　…を掲示する、詳しく書く、書き上げる

write の意味	up　上のほうへ

肯定文：　　　I am planning to **write up** my thesis this weekend.

否定文：

Yes/No 疑問文：

Wh- 疑問文：

自由な文：

他にもこんな句動詞で、動詞と前置詞（もしくは副詞）が**隣り同士でも離れ離れでも**使われます。それぞれの句動詞の意味を調べ、実際にこれらを使って英文を作ってみましょう。

back up (back × up), blow down (blow × down), break in (break × in), bring back (bring × back), bring on (bring × on), call off (call × off), calm down (calm × down), carry out (carry × out), check off (check × off), chew out (chew × out), clean up (clean × up), cross out (cross × out), cut down (cut × down), draw up (draw × up), drop off (drop × off), fill out (fill × out),find out (find × out), get back (get × back), give back (give × back), hand in (hand × in), hang up (hang × up), have on (have × on), hold up (hold × up), keep up (keep × up), knock out (knock × out), look over (look × over), make up (make × up), mark down (mark × down), mix up (mix × up), pass in (pass × in), pay back (pay × back), pick out (pick × out), point out (point × out), put away (put × away), round off (round × off), set up (set × up), show off (show × off), sleep off (sleep × off), show up (show × up), take away (take × away), tear off (tear × off), think over (think × over), throw out (throw × out), try on (try × on), turn down (turn × down), wake up (wake × up), wash out (wash × out), warm up (warm × up), wear out (wear × out), work out (work × out), wrap up (wrap × up), write down (write × down), etc.

3：前置詞を含むフレーズ

　私たちがよく見聞きする英語フレーズの中にも前置詞は使われています。ここでは、よく見聞きする英語フレーズ内にある前置詞を見つけ、そのコアイメージと、その前置詞があるからこそのフレーズ全体の印象を確認していきましょう。

1.　How are you? –Fine. How **about** you?

フレーズ全体の印象：
例：you の周辺は how（どう）？という感じ

about
周辺

2.　Nice **to** meet you.

フレーズ全体の印象：

to

3.　Where is the coach? –He is **at** the tennis court.

フレーズ全体の印象：

at

–He is **over** there.

フレーズ全体の印象：

over

4. Thank you **for** your gift.

フレーズ全体の印象：

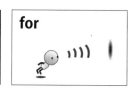

5. It's been nice talking **with** you.

フレーズ全体の印象：

6. Let's keep **in** touch.

フレーズ全体の印象：

7. Good luck **on** your test.

フレーズ全体の印象：

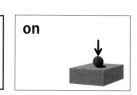

8. Keep **up** the good work.

フレーズ全体の印象：

9. What kind **of** music do you like?

フレーズ全体の印象：

10. Will that be all **for** today?

フレーズ全体の印象：

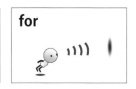

練習問題の答え

【1. 前置詞を含む単語】

練習問題

　前置詞のイメージを考慮して、各単語の意味を掴めていれば OK。

　自分なりの解釈となるので正解・不正解はありません。

【2. 前置詞を含む句動詞】

練習問題

　文法間違いのないように指定句動詞を使った文が書けていたら OK。

　実際に英文を書いた後、少し時間をおいてから自分で文法チェックをするように
しましょう。必要であれば ChatGPT、Microsoft Bing、Google Bard などの
生成系 AI を使って自分の英文の文法間違いを確認するのもお薦めです。その
際は英語で "Is the sentence below grammatically correct?" と書いてから、自
分の英文を書き込むと良いでしょう。ただ、生成系 AI はそのシステムが理由
で必ずしも常に正しい返答をくれるわけではありません。あくまでも補助的な
ツールに留め、きちんと自分でも文法確認ができるようにしておくのがお薦め
です。

【3. 前置詞を含むフレーズ】

練習問題

　前置詞のイメージを考慮して、各フレーズの意味を掴めていれば OK。

　自分なりの解釈となるので正解・不正解はありません。

【監修】

清水建二 （しみず けんじ）

1955年東京都浅草生まれ。作家・文筆業。KEN'S ENGLISH INSTITUTE 代表取締役。埼玉県立越谷北高校を卒業後、上智大学文学部英文学科に進む。ガイド通訳士、進学の名門・県立浦和高校、越谷南高校、川口高校、三郷高校、草加高校、草加南高校などで教鞭を執る。高校教諭時代は、基礎から上級まで、わかりやすくユニークな教え方に定評があり、生徒たちからは「シミケン」の愛称で絶大な人気を博した。著書に、シリーズ累計100万部突破の『英単語の語源図鑑』（かんき出版・共著）、シリーズ累計40万部突破の『英会話1秒レッスン』（成美文庫）、『英語の語源大全』(三笠書房)、『教養の語源英単語』(講談社現代新書)、「語源×図解 くらべて覚える英単語」（青春出版社）など100冊を超える。趣味は陸マイラーとしてファーストクラスで行く海外旅行・食べ歩き・ジョギング。2017年より、朝日ウィークリーでコラムを毎週連載中。本書の内容に関する質問などは、公式サイト(http://shimiken.me)まで。

【イラスト】

すずきひろし

神奈川県生まれ。英語講師でイラストレーター。英語の文法や単語の意味をイラスト図解でわかりやすく説明する方法を追求する。著書に『英単語の語源図鑑』（共著・かんき出版）、『英語ぎらいもコレならわかる!英文法の解剖図鑑』（青春出版社）、『やさしい英単語の相性図鑑』(ソシム)、『英語学習劇場 前置詞おはなし絵巻』(ベレ出版) などがある。

著者紹介

ミツイ直子（みつい・なおこ）

神奈川県生まれ。高校卒業後、単身渡米。州立モンタナ大学にて言語学・英文学・外国語教授法・コミュニケーションスタディーズを学んだ後、カリフォルニア州立大学ロングビーチ校にて社会言語学と人類言語学を学び、修士号を取得。多くの米国駐在員や留学生、海外在住日本人を始めとするハイレベルな英語力を目指す学習者や日本人英語講師に英語を教えている。留学プログラムや英語教材開発事業にも携わった経験を踏まえ、英語講師のカリキュラム作成や教材開発の手助けもおこなっている。現在は家族とカリフォルニア州オレンジ郡に在住。

【著書】『イメージで比べてわかる 前置詞使い分けBOOK』（共著・小社刊）

● —— カバーデザイン　　OAK 小野 光一
● —— DTP　　　　　　 WAVE 清水 康広

前置詞使い分けプラクティカルワークブック

2023 年 12 月 25 日　　初版発行

著者	ミツイ直子
発行者	内田 真介
発行・発売	ベレ出版 〒162-0832　東京都新宿区岩戸町12 レベッカビル TEL.03-5225-4790 FAX.03-5225-4795 ホームページ　https://www.beret.co.jp/
印刷	モリモト印刷株式会社
製本	根本製本株式会社

ISBN 978-4-86064-747-6 C2082　　　　　　　　　　編集担当　綿引ゆか